上海非遗
文创设计研究

Research on Intangible Cultural Heritage and Innovative Design in Shanghai

上海文化发展基金会图书出版专项基金项目

章莉莉 著

東華大學出版社

前言

《上海非遗文创设计研究》是上海文化发展基金会图书出版专项基金资助项目，用三年时间完成资料搜集和书稿撰写。书籍聚焦当前传统文化与创意设计相融合的发展道路，以上海非遗保护传承的视角切入研究，跟踪上海文化创意设计产业与非遗之间的关系，观察“国潮热”“非遗热”现象背后文化产业结构所发生的变革，并深入解析设计助力非遗融入现代生活的方法和路径。

书籍从上海非遗资源解析出发，提出非遗文创设计的概念，解析上海非遗文创设计的资源优势，整理上海非遗保护单位和非遗传承人研发的文创设计，以案例方式生动鲜活地展现非遗与设计的融合过程。与此同时，书籍在宏观上提出非遗文创的研发主体及其关系、研发模式和路径方法，敏锐地发现了当前非遗文创产品的消费新群体和新场景，捕捉到非遗在数字化进程中的多元探索和潜在价值，以此判断非遗可能成为上海未来新经济的重要组成部分。

上海作为“世界设计之都”，是全国文创产业的聚集地，具有一批优秀的上海设计师和设计品牌，同时也吸引了全国顶尖设计师，用设计助推非遗融入现代生活，推出引领全国的非遗文创产品。我们看到上海设计师让多种非遗融合再生，也看到当代审美与传统工艺融合产生的生活美学。上海也是全国品牌聚集地，随着国潮国风的兴起，近两年来大量品牌启动非遗跨界项目，加上聚集在上海的大量头部平台和游戏企业与非遗之间的密切合作，正在形成一种“非遗+经济”的新产业模式。

与此同时，书籍记录了在十年来文化和旅游部实施的“中国非遗传承人研修培训计划”背景下，高校科研教学力量所赋予非遗传承的新希望。通过非遗传承人与设计师携手合作的模式，一批具有前沿探索性的非遗文创被孵化出来。我们欣喜地看到，非遗让高校设计学科走出了中国特色，同时也见证了研培计划为传统文化和当代教育之间建立的纽带，在推动中国非遗保护事业中的深远意义。

非遗文创设计研究对非遗融入现代生活具有重要意义。书籍贯穿非遗传承人视角、设计师视角、品牌企业视角和研究机构视角，审视当传统文化资源与当代设计力量碰撞融合后所产生的文化创造力，也为上海城市“海派文化”在新时代的阐释和演绎，提供了一种实践方法和理论构建。可以预见到的是，以中国传统文化为核心的文化产业经济在未来前景广阔，非遗文创设计正是其中最为生动鲜活的组成部分。

章莉莉

2025年1月

推荐语

以文化资源和人的创造力为两大核心要素的文化创意产业是一个潜力巨大的朝阳产业，文化资源无处不在，创新创造无人不能。如何挖掘优质文化资源，通过激发创造力激活资源价值，从而形成具有竞争优势的文化创意产业？文化创意产业内涵丰富、外延广阔，学界称之为“无边界产业”，高渗透强融合是其基本特征。如何突破产业边界、推动跨界融合，获取1+1>2的文创高附加值？对此二问，深耕非遗研究和教学实践的章莉莉教授在新著中提出了独到的学术见解。

新著以上海为研究样本，系统阐述了非遗文创设计的概念和机理，通过精彩案例研究分析了非遗文创设计的发展模式，在文化创意产业领域开辟了“非遗文创设计”研究的新蓝海。对于资源，提出激活非遗与生俱来的历史文化基因，转化为发展文化创意产业的优质资源和独特生产要素。对于融合，提出以创意设计推动“非遗+”和“+非遗”的双向赋能，以非遗为IP推动跨界跨区域的融合，实现破圈和价值创造。对于经济发展，提出发挥上海设计和数字化的发展优势，推动非遗文创设计融入日常生活和文化消费，形成上海文化创意产业的新增长点。“三个提出”是作者在非遗第一线十余载创新探索和实践思考的结晶，为各地非遗的创新发展提供了新启示和新路径。

上海社会科学院应用经济研究所文化创意产业研究室主任 王慧敏

联合国《保护非物质文化遗产公约》指出，“非物质文化遗产世代相传，在各社区和群体适应周围环境以及与自然和历史的互动中，被不断地再创造”。如何理解和实现非遗保护与“被不断地再创造”，这是一个颇有难度又富有争议的理论和实践问题。任何传统文化，在时代的发展、历史进程中总是有所保存、扬弃和创造、发展。非遗也是这样，过分强调保持传统，和现实生态环境不符，与民众生活脱离；又或者重塑得过多，脱离原有基础，都会导致遗产丧失承续的结果。

非遗创意的精髓是保护核心传承，活化更新美化生活。刘勰的《文心雕龙》提出，“思理为妙，神与物游”。参照国际文化创意产业发展模式，非遗创意过程要把遗产中的基因内核，变成我们创新产品的内在生命的脉搏，创意成果产品化，产品市场化、品牌化，最终形成成熟的消费品。章莉莉教授在非遗研培教学和跨界研发设计的大量实践和研究中，形成了系统的非遗活化方法和体悟。新著视角独特，思考缜密，文笔娴熟，图文并茂，从理论与实践融合的缕析中，给人深刻的启示，为之欣然喜悦，为之热烈祝贺。

华东师范大学终身教授，国家资深非遗保护工作专家 陈勤建

作者简介

章莉莉，上海大学上海美术学院副院长、教授、博导。任上海大学公共艺术技术国家级实验教学示范中心主任、上海市公共艺术协同创新中心（PACC）执行主任；曾挂职上海工艺美术职业学院副院长。

从事非遗传承与创新设计实践及研究，积极推进非遗融入现代生活，孵化百余项非遗跨界设计项目。主持上海大学承办的文旅部、教育部、人社部“中国非遗传承人研修培训计划”及两个国家级传统工艺工作站建设。获文化和旅游部“优秀专家”和“全国非遗保护工作先进个人”荣誉称号、获中国传统工艺振兴“非遗活力致敬人物”称号等。

任全国非遗名词审定委员会副秘书长、上海民间文艺家协会常务理事、上海创意设计工作者协会常务理事等职务，曾负责上海市非遗代表性项目及非遗代表性传承人评估工作。主持国家艺术基金项目、文化和旅游部部级社科项目、上海哲学社会科学项目等，出版专著及教材十余本。

目录

第一章
上海非遗传承与文化创意产业的携手
上海非遗文创设计的起步

第二章
海派非遗探索创意新生
基于上海非遗项目的文创设计

第三章
上海设计助力非遗传承

诞生于上海设计之都的非遗文创

第一章
上海非遗传承与文化创意产业的携手

上海非遗文创设计的起步

非物质文化遗产是中华优秀传统文化的重要组成部分，是中华文明绵延传承的生动见证，是民族记忆的生动载体与文化自信的坚实基石。近年来，习近平总书记在各地考察非遗项目时提出殷切期望，指出“要坚持创造性转化、创新性发展，找到传统文化和现代生活的连接点，不断满足人民日益增长的美好生活需要”。如何找到传统文化和现代生活的连接点，是近年来非遗保护工作面临的新课题。

自2004年中国成为联合国教科文组织《保护非物质文化遗产公约》缔约国，非遗保护的概念在中国生根。20余年来，中国非遗保护工作取得了一系列社会成效并开创了中国特色，是文化自信自强的基础工程。站在今天回望中国社会漫长的历史演进过程，其灿烂丰富的文化经过岁月长河的洗礼，所沉淀的优秀传统文化，不仅凝聚了中华民族的智慧结晶，更是民族精神的根基。保护传统文化，是为了更好地传承发展和合理利用，通过创造性转化和创新性发展，让传统文化在现代社会中焕发出新的生机与活力。

随着中国非遗保护事业进入“十四五”建设新阶段，我们可以看到，社会上下对非遗的认识在不断加深，“非遗活态传承”和“非遗应随时代发展”的观念已形成广泛共识，“非遗融入现代生活”和“见人见物见生活”的保护方法也已形成多方实践。2021年，在中共中央办公厅、国务院发布的《关于进一步加强非遗保护的建议》中指出，“鼓励合理利用非物质文化遗产资源进行文艺创作和文创设计，提高品质和文化内涵”。

与此同时，非遗保护和现代设计相结合的发展模式，被越来越多的非遗传承人、设计师、高校机构和品牌企业所生动实践着，相关成果和方式引起了学者们的关注和思考。将非遗元素与现代设计相结合，创造符合当代审美的文化产品，“非遗文创设计”这一概念也呼之欲出。

一、非遗文创设计的概念提出

“非遗文创设计”涉及“非物质文化遗产（简称非遗）”和“文化创意设计（简称文创设计）”两个主要概念及其相互关系。保护传承非遗和发展文创产业，两者都是国家重要战略，是提升国家文化软实力的重要途径。前者关照过去，后者立足现代，两者有效结合能促使中国更好地面向未来。要找到“传统文化和现代生活的连接点”，大致可以在这一概念中找到端倪。

当前越来越多的设计师和设计机构、非遗传承人和非遗项目保护单位、相关高校及研究机构、社会品牌企业及行业协会等，开始介入“非遗文创设计”领域。虽然各自出发点不同，但都在推动“找到传统文化和现代生活的连接点”的实践活动，帮助非遗实现“活态传承，活力再现”的目标。其出发点大致有三类，第一类是用创意设计帮助非遗融入现代生活，第二类是用非遗的视觉元素和文化故事作为创意设计的资源，第三类是用非遗所承载的历史文化内涵作为品牌和产品的背书。

可以说，中国正在探索一条传统文化与创意设计相融合的发展道路，亟待与之相匹配的实践案例和理论体系。近年来在非遗融入现代生活的一系列实践中，我们可以发现，非遗传承和文创设计之间存在着一种“链接关系”，或者说是原来就应有的“共生关系”。非遗传承是文创设计的驱动力之一。文创设计为非遗传承提供现代生活的载体，并以非遗所承载的文化内涵作为中国现代设计的核心竞争力。两者的共生关系对于中国经济建设和文化发展都有着不可估量的价值。

本书研究的非遗文创设计，与目前博物馆的文创设计有所不同。一般来讲，博物馆文创主要以文物、古建筑、重要历史文化遗迹为核心要素展开设计，比如故宫博物院馆藏《千里江山图》的文创产品等。相比之下，由于非遗通常是以非物质的形态存在，例如技艺、习俗、经验、认知等，同时随时代发展具有活态流变性，比较难以把握其整体和本质，因此这对非遗文创设计提出了更高的要求。

二、非遗传承和文创设计的共生关系

非遗传承和文创设计之间的紧密关系体现在两条线索中。第一条线索是在观察非遗传承人及其“传二代”的关系上得到的。传承人手艺好但大多不擅设计和运营。“传二代”往往受到很好的教育，与现代社会审美同步，知晓市场热点和国潮走势，有些选择了设计专业。这种家族传承中的能力迭代，让非遗传承和设计领域加速融合。第二条线索是笔者在自2015年以来从事非遗传承和创新设计实践中得到的。上海市公共艺术协同创新中心（简称PACC）在承办文旅部、教育部、人社部“中国非遗传承人研修培训计划”的过程中，发现大部分非遗传承人的发展道路被困在非遗新品研发能力不足上，好手艺和好作品与现代生活相距甚远。因此，PACC发挥上海创意产业人才高地的优势，邀请热爱非遗的设计师群体介入到高校研培计划中，形成非遗传承人与设计师牵手共创的“非遗跨界创新设计模式”。站在2025年回头看，非遗传承人、特邀设计师、高校师生团队都在这个过程中受益匪浅。从一定意义上讲，这可能属于学校传承的早期实践。

从非遗传承的当代价值来看，其涉及内容相当丰富。中国非遗保护采用“四级认定体系”（国家、省、市、县）和“十大分类项目名录体系”（民间文学；传统音乐；传统舞蹈；传统戏剧；曲艺；传统体育、游艺与杂技；传统美术；传统技艺；传统医药；民俗）进行管理。在“十三五”期间，以传统美术和传统技艺为代表的非遗项目发挥了“助力脱贫攻坚”的重要作用，在帮助贫困地区增收和就业方面成绩突出。2017年，文化部、工信部、财政部发布的《中国传统工艺振兴计划》强调要“提高传统工艺产品的设计、制作水平和整体品质”，并提出相关具体措施，全文提及“设计”6次。在“十四五”期间，非遗正在发挥“助力乡村振兴”“助力文旅融合”的新一轮社会价值。可以隐约预见到的是，中国将涌现出一系列与非遗文创设计相关的新型产业形态。

与此同时，我们来厘清与“文创设计”相关的概念。首先，这里的“文创设计”是指以文化为资源、以设计为驱动力的文化创意产品、文化创意服务及其知识产权等，归属于文化创意产业领域，涉及“文化产业”“创意产业”“文化创意产业（简称文创产业）”三个相关概念。

早在1947年，德国人霍克海默和阿多诺合著的《启蒙辩证法》中就提及“文化产业（Culture Industry）”的概念。中国于2003年由原文化部发布了《关于支持和促进文化产业发展的若干意见》文件。1998年，英国发布的《创意产业专题报告》中最早提出“创意产业（Creative Industries）”的概念。中国最早出现此概念是在2006年发布的《上海创意产业发展“十一五”规划》中。

“文化创意产业（Cultural and Creative Industries）”这一概念最早在2002年由中国台湾制定的《文化创意产业的发展规划和行动方案》中提出。根据联合国教科文组织对文化创意产业的定义，它是指文化产品、文化服务和知识产权共同构成的整体，具有高知识性、高附加值、强融合性三项特征。王慧敏等在《上海文化创意产业发展报告》中对文化创意产业做出定义，即是以创意为核心，以文化为灵魂，以科技为支撑，以知识产权的开发和运用为主体的知识密集型、智慧主导型战略产业；它是全球化背景下产生的新兴产业，具有高附加值、高创新性和强融合性等特点；它是经济发展的新引擎，也是城市文化竞争力的重要体现。

从这些概念出现的时间顺序来看，人们对该领域的认知是逐渐清晰的，文化对产业的影响力经历了“文化产业”“创意产业”到“文化创意产业”的发展阶段。从一定程度上讲，这里的“文化”偏重于人类漫长历史进程中沉淀下来的知识财富，“创意”偏重于当下人类正在创造的新成果。因此，“文化创意产业”比之前两个概念更强调过去和现在的连接，强调文明的延续和创新。

纵览欧洲国家的文创产业与传统文化之间的关系，都呈现出这种“共生关系”。法国时尚产业与其传统手工业之间的关系愈发密切，例如香奈儿已收购近40家传统手工艺工坊，雇佣全球超过6600名手工艺工匠。英国文化创意产业与其传统文化之间的承接关系也相当明显，例如爱丁堡戏剧节对英国传统戏剧和传统音乐的传承和创新都具有重要意义。美国由于历史较短，因此其文创产业更注重当代创新，被理解为是以知识产权为核心的“版权产业”。

由此看到，中国文化要走出去，中国设计要有国际竞争力，首先是要清晰地看到非遗传承和文创设计之间的关系，特别是传统文化对文创产业的价值；同时也要尽可能让有条件的非遗项目形成相关产业，建立品牌意识，带动区域发展，融入日常生活。在中国近代历史上，上海、北京、广州的部分老字号以特定的非遗项目为核心，获得了很好的商业竞争力和社会影响力。这些非遗项目主要集中在传统技艺类、传统医药类、传统戏剧类中，例如上海老凤祥的金银细工制作技艺等。这意味着部分非遗项目是具有产业化基础和商业属性的。随着近年来国潮国货的兴起，如何研发具有中国传统文化精神和审美的非遗文创产品备受关注。

2014年，习近平总书记提出“三个转变”的重要指示。其中的“中国制造向中国创造转变”“中国产品向中国品牌转变”如何实现，或许关键在于如何将传统文化与现代设计融会贯通，找到非遗传承与创意产业之间的“链接方式”，形成中国式创新设计模式及其方法论。

三、上海非遗文创设计的资源优势

在上海这片土地上，商业贸易发达，东西方文化交融，根植着海纳百川、追求卓越、开明睿智、大气谦和的城市精神。上海人乐于接受新思想、新文化、新风尚。在近代历史上，上海融合了吴越文化、淮扬文化、金陵文化、徽皖文化等周边江南地区的文化特征，也在一定程度上受到了自1843年开埠后欧美文化的影响，并在百年时代洪流中形成了独有的海派文化。今天的上海对世界文化多样性的理解和尊重是有基础的，可以成为中华优秀传统文化创造性转化和创新性发展的试验田，成为中国非遗保护和文创设计的枢纽城市。

联合国教科文组织于2004年成立全球创意城市网络（UCCN），这是以文化作为纽带，为全球城市搭建一个分享最佳实践经验和建立合作伙伴关系的国际平台。UCCN文化主题涵盖设计、文学、手工艺与民间艺术、音乐、电影、媒体艺术、美食七大领域。2010年，上海被联合国教科文组织授予“设计之都”称号，成为全球创意城市网络的重要节点之一。在中国拥有“设计之都”称号的城市还有深圳、北京、武汉；被评为“手工艺与民间艺术之都”的城市是杭州、苏州、景德镇。从这个维度上看，上海的竞争力在于设计，特别是自1843年开埠以来基于近代民族工业发展和社会商业繁荣基础上的百年设计发展历程。

王慧敏等在《上海文化创意产业发展报告（2020-2021）》中从全球城市文化创意产业比较中发现，上海在“文化生产”排名第6，“文化消费”排名第12，“文化权利”排名14，显示目前上海在全球的文化影响力相对中等。未来文化创意产业是上海这座城市“创新驱动，转型发展”的新增长点和支柱产业。

上海在高端创意人才、金融贸易、国际交流等方面都具有显著优势，为非遗文创设计提供了良好的土壤。2017年，上海市委、市政府发布《关于加快本市文化创意产业创新发展的若干意见》（简称文创50条），指出“将上海建成国际设计之都、时尚之都、品牌之都”。2018年以后，上海每年举办中国国际进口博览会，已成为中国经济和文化走出去的重要平台。从这些趋势来看，上海越来越有可能成为多元文化交融碰撞的枢纽。

对于上海非遗文创设计，有狭义和广义两个层面的理解。从狭义来讲，基于上海非物质文化遗产项目产生的文化创意产品设计及其周边产业体系，是上海非遗文创设计；其研发主体主要为上海非遗保护单位和非遗传承人，也有上海设计师及相关机构。从广义来讲，在上海这片土地上孕育孵化出来的文化创意产品设计及其周边产业体系，都属于上海非遗文创设计；其研发主体为上海设计师、上海设计机构、上海高校、上海品牌企业等；涉及的非物质文化遗产项目不仅限于上海地区，而是面向中国各省市自治区的非遗项目，更多的是长三角地区的非遗项目。从研发设计的形式上讲，主要是产品设计和时尚设计，也涉及广告设计、会展设计、环境设计、数码设计等领域。

目前，上海越来越多的社会群体开始介入到非遗文创设计领域，这区别于上海原有的对工艺美术行业范畴的理解，区别于工艺美术设计专业。非遗文创设计属于上海"创新驱动，转型发展"的新增长点，注重创意设计的价值体现，从新应用、新材料、新技术、新形式等切入，形成适应现代生活的新产品，侧重于产品属性。工艺美术设计更多地在美术创作领域展开交流对话，辐射相关行业及产业，例如上海玉雕行业协会等开展的工作。工艺美术行业在上海特定历史阶段中曾发挥极为重要的作用，是当时出口创汇的主要方式。

四、非遗文创研发的主体及其关系

从非遗文创的研发主体来看，主要有两类人群，非遗传承人群体和多元设计师群体。这正是构成本书第二章"海派非遗探索创意新生"和第三章"上海设计助力非遗传承"的主要内容。

第一类非遗传承人群体是非遗文创设计的自觉研发力量。他们主要负责非遗项目保护传承工作，是非遗核心技艺的守护者和传承者，也有承担非遗融入现代生活的责任，比如文创研发、普及教育、服务社会等。部分传统工艺类非遗项目的传承人具有一定当代设计意识和能力，因此逐渐成为非遗文创设计的研发主体。他们熟悉自身从事非遗项目的核心技术和相关知识，往往围绕自己所从事的非遗项目展开学习和探索，适合研发带有一定手工制作的非遗文创。实际上，大部分非遗传承人是缺乏现代设计能力和商业运营意识的，因此他们需要找到合适的设计师群体进行合作研发。在合作中传承人充当了非遗项目咨询、手工打样、辅助研发等的角色。我们欣喜地看到，目前部分"传二代"受到良好的高校教育，拥有创意设计和创新创业能力，在未来将发挥传承和创新的重要作用。

第二类多元设计师群体是非遗文创设计的主要研发力量，包括独立品牌设计师、高校设计专业师生、企事业单位工作的设计师等。目前一批热爱中国传统文化的中青年设计师已成为非遗文创设计的主导力量。在国潮国货热、非遗热、文物热的背景下，近年来这批设计师数量逐渐增大。在产品设计和时尚设计领域，逐渐浮现出一些个性鲜明的中国风格设计师，比如上海的蒋琼耳、杨明洁、侯正光、杨凤蕊、郭秀玲等，杭州的张书雁、张雷、陈文等。深入观察这些设计师，他们开始从事非遗文创设计大多来自两种生活背景，一种是拥有海外学习工作经历，用国际视野发现中国文化的美和价值，另一种是从中国的传统乡村中找到了创意设计的活水源头。

与此同时，多元社会力量正在共同赋能非遗文创设计。随着文旅部、教育部、人社部的中国非遗传承人研培计划的实施，高校设计专业师生介入非遗文创设计，成为未来最有潜力的设计群体。此外，各类品牌企业在国潮国货消费热潮下，启动非遗跨界的传统文化营销战略，将传统文化元素融入品牌基因，以此吸引年轻消费群体，建立品牌的中国文化形象和社会责任感。从总体上讲，越来越多元的设计师群体正在介入到非遗文创设计这个领域。

从非遗文创两个研发主体的出发点来看，非遗传承人立足历史文化传承，指向现在；设计师群体立足当代设计创新，指向未来。两者都在建立一种“链接”，连接过去、现在和未来。或许站在未来看现在，设计师正在创造当下的文化；在经历大浪淘沙的历史洪流后，当代创新中的优秀文化成果，恰是未来的文化遗产。

五、从传统文化传承出发的研发模式

对于非遗文创设计来讲，上海非遗传承人群体采取的是从传统文化入手的研发模式。他们从自身从事的非遗项目入手，以其核心技术和典型知识展开融入当代生活的创意设计，达到非遗传播普及的目标。近五年来，通过中国非遗传承人研修培训计划的推进，我们看到非遗传承人模式发生着显著的变化，从原来以接订单为主的生产制作型，逐步转向研发非遗新作品或新产品的创作研发型。

以上海绒绣为例，20世纪90年代上海绒绣企业受到市场经济的冲击逐渐转业后关闭，传统的出口创汇的订单模式，开始转变为融入现代生活的设计研发模式。例如，黎辉绒绣研发的“丝路春语”花卉绒绣手包销售情况较好，形制实用，图案雅致，价格适中，主要面向女性用户；研发的绒绣笔记本更新绒绣封面，适合不同主题，近年来浦东开发主题、建党百年主题等在企事业单位定制方面销量较好。嘉秀绒绣研发的“欧美明星”摩登皮夹手包，受到了很多喜欢复古风的消费者喜爱；“公主后花园”可爱动物系列女士绒绣圆包，具有浓郁的奥地利田园气息，采用粗细针相结合的绒绣制作，精致可爱，色彩雅致，价格适中，受到了许多小红书用户的关注。高桥绒绣从2015年起与上海市公共艺术协同创新中心（PACC）共同研发了一系列新产品，如绒绣旗袍、绒绣手包、绒绣化妆盒、绒绣文具、绒绣音响等，对各界非遗文创研发都有启发促进作用。恒源祥绒绣在公共文化活动、大型艺术创作等领域，正积极从事着绒绣走进现代生活的多种实践。徐汇绒绣向来以英伦风女鞋系列受关注度较高，属于鞋类高定精品，近年来正在拓展丰富多元的配饰类绒绣产品。

从以上这些绒绣保护单位的实践来看，他们对绒绣的定位和观念发生了关键性变化，绒绣的现代转型正在悄然发生。从绒绣新产品的属性和对象来看，绒绣不再是做海外生活用品挣外汇的，也不再是做艺术品参加展览的，而是逐渐与上海都市生活紧密联系的手工艺时尚产品。从一定程度上看，从传统文化入手的非遗文创产品，一般会保留核心手工制作的比例，也会结合工业生产的优势。

经过多项案例研究发现，根据上海非遗传承人所属的非遗保护单位性质来看，这里的主导力量其实是不同的。非遗保护单位性质大致可以分为四类，事业单位（学校、博物馆、表演团体等）、企业（民营企业、国有企业等）、社会组织（协会、学会、基金会等）、其他（农民专业合作社、个体工商户等）。从调研结果来看，四类单位各有优势和局限。

事业单位在研发、创新、传播等资源上优势鲜明，但是受限于体制机制的局限。企业类保护单位在非遗文创研发和经营上具有更多积极主动性，管理上更灵活，协作上更高效，但是可能会受限于企业主导产业发展的冲击。此外，非遗传承人与非遗保护单位的合作关系有所不同，有的是隶属关系，有的是合作关系。因此，从非遗文创研发推动上看，有部分非遗项目由传承人作为主导力量进行推动，有部分由保护单位作为主导力量进行推动。

此外，有些非遗保护单位属于中华老字号企业，近年来受到非遗保护和老字号振兴等政策推动，正在积极争取年轻消费群体，盘活自身传统文化资源。这些非遗老字号企业正在探索与文创产业融合的路径，目前正处于设计研发的萌芽期，相信在未来十年会迎来成长期。例如朵云轩推出了木版水印文创产品、曹素功周虎臣推出了文房四宝文创产品等。

六、从当代生活设计出发的研发模式

对于非遗文创设计来讲，多元设计师群体采取的是从当代生活美学入手的研发模式。上海设计师群体研发的非遗文创设计大致具有三种格局特征。

第一种格局是以现代生活中的产品类型展开设计，在各自较为擅长的设计领域融入非遗项目，比较普遍的有家具类、家居类、服装类、饰品类等。比如家具类设计师大多会融入明式家具制作技艺和榫卯结构等传统工艺项目，有时也会融入木雕和各类镶嵌技艺用于装饰；家居类设计师经常会采用竹编、草编、藤编、造纸等具有自然气息的传统工艺项目，或者是漆艺、陶瓷、金属锻造等特殊材料和技艺；服饰类设计师大多会融入刺绣、织造、染色等传统工艺项目。

比如上海时尚产业设计师以传统工艺为核心的品牌案例为数不少，也相当具有影响力。例如MOODBOX品牌创始人秦旭曾采用羌绣、哈密刺绣等工艺；唐蝶品牌创始人陈冬梅偏爱融入宋锦、云锦等工艺；荷木品牌创始人杨凤蕊偏爱融入香云纱、绞罗等工艺；婉珺玺品牌创始人叶青曾采用上海钩针、牦牛绒等工艺等。

第二种格局是以某种材料、某个区域的特色产业、某种传统工艺产业展开设计，这些领域大多是设计师比较擅长和可控的领域。匠艺品牌创始人薄向伟围绕红木材料展开系列产品研发，整体上形成了温暖敦厚的产品风格，单品也会结合珐琅、大漆等形成丰富的系列产品。竹矣品牌创始人林栋围绕竹材料展开，涉及毛竹、慈竹、紫竹、湘妃竹等材料，围绕家居类和配饰类产品为主，逐渐形成雅致文人的产品风格。穆驰品牌的靳英丽常年进行云南地区非遗扶贫工作，在当地成立民族刺绣农民合作社，因此围绕民族刺绣产业展开非遗文创产品的设计、制作、销售，产品为有刺绣工艺的轻奢类定制服饰及企业礼品。

第三种格局是融合多项非遗项目于一体，不拘泥于一个非遗项目，也会融入当代文化符号和城市手工技艺，形成新的中国传统文化产品。比如上下品牌创始人蒋琼耳围绕中国文化的当代雅致生活艺术展开，涵盖家具、家居、服装、皮具、珠宝、配饰六大品类，将竹镶嵌、竹编、大漆、青瓷等传统工艺经由当代设计的创造力，转化为富于时代精神的“美”与“用”。当前越来越多上海设计师开始采用这种海纳百川的融合创新路径，展开多种传统工艺的设计转化，广泛吸纳中国56个民族灿烂丰富的非遗项目，同时融入国际手工技艺和设计理念。笔者认为，这恰恰是上海非遗文创设计师的特征，也是上海文化的特质。

七、非遗文创设计的研发路径和方法

目前，中国文化消费需求逐渐增大，亟待高质量文化产品的出现。由于非遗文创产品具有浓郁的中国传统文化特征，因此在节日庆典时需求量很大，受欢迎程度也很高，这对非遗文创设计的研发提出了很大的挑战。以传统工艺类非遗项目为例，其文创设计主要有三种研发路径。

第一种是发现新需求和新应用，属于从市场角度切入的研发路径。由于社会不断发展和生活方式改变带来了人的新需求，敏锐地发现这些市场需求并用设计尝试解决，就产生了新应用领域、新消费市场、新产品系列。我们要避免一种现象，目前有许多文创设计脱离真实生活需求，成为可有可无的累赘物品，放着没用，扔了可惜，这恰恰是没有回应市场的结果。

第二种是引入新材料和新技术，属于从科技角度切入的研发路径。材料是决定传统工艺质量的关键，新科技带来的新材料，或者是对原有材料的改良，都是研发的决定因素。新技术是对工艺流程和方法的创新或改良，对传统工艺生产的质量和效能至关重要，这也是我们所说的"硬科技"与传统工艺的结合。

第三种是建立手工制作与机器生产的协同方式，属于从设计管理角度切入的研发路径。将传统工艺产品设计转变为文创产品设计的路径之一，就是经过对比和判断，将部分手工制作转化为机器生产，得到不影响整体产品效果、且能保持手工制作部分精彩的效果。这类产品在生产管理时，要协调好手工制作生产线和机器生产流水线的关系。手工制作需要在一段时间内完成，成品质量标准需要有效控制，完成后与机器生产部分的衔接制作，是协调的重点和难点。2020年自然造物推出的"五虎临门"刺绣香囊布老虎礼盒，很好地保留了布老虎手工制作的特征，并用材料包和布面印刷的方式有效地降低了成本，形成了亲民的市场价格和惊人的市场销售业绩。

根据生产方式来看，非遗文创设计研发主要可以分为三个具体方法，分别是非遗高定作品研发、非遗文创产品研发（手工制作与机器生产相结合）、非遗文创产品研发（机器生产）。

第一种非遗高定作品的研发，基本采用手工制作，具有纯手工、高成本、高价格、高附加值的特征，一般进入拍卖渠道，适合展览展示和传播宣传。

第二种由手工制作与机器生产共同完成的非遗文创产品的研发，既保留了手工制作订单，也通过工业生产的方式从一定程度上降低了成本，让产品在价格上具有一定竞争力。从目前观察来看，这类非遗文创在社会价值和市场前景上是最好的。手工制作与机器生产的比例关系，决定了一件非遗文创产品的价格和规模。一般手工制作部分越多，价格越高，规模越小；反之，机器生产部分越多，价格越低，规模越大。好的非遗文创设计就是能判断哪些部分要保留手工制作，哪些可以通过合适的工业生产方式进行替代而不影响整体效果。

第三种机器生产的非遗文创产品的研发，价格能得到有效控制，适合大批量生产，主要面向大众消费市场。这个层次的非遗文创主要通过提取非遗项目的视觉元素（图形纹样、造型色彩等）和文化故事（人物形象、故事情节等）展开设计，换种表达方式，就是围绕非遗的文化基因展开多种形式的现代设计研发。

前两种研发主要针对传统工艺类非遗项目，即传统美术类、传统技艺类非遗项目，保留其中手工制作的特征。第三种研发面向所有非遗十大类项目，还包括民间文学，传统音乐，传统舞蹈，传统戏剧，曲艺，传统体育、游艺与杂技，传统医药，民俗类非遗项目，将人物、故事、情节、道具、舞台、产品等进行整合和再设计，创作形成新的文化IP。

表1-1 非遗文创设计研发方法

三种方法	生产方式	价格定位	生产规模	非遗项目类型	适合销售方式	消费对象
第一种方法 非遗高定作品	手工制作	高	小规模制作	传统工艺类（传统美术类、传统技艺类）非遗项目	拍卖	VIP客户
第二种方法 非遗文创产品	手工制作与机器生产相结合	中高	小批量生产	传统工艺类（传统美术类、传统技艺类）非遗项目	销售	公众
		中低	大批量生产	传统工艺类（传统美术类、传统技艺类）非遗项目	销售	公众
第三种方法 非遗文创产品	机器生产	低	大批量生产	所有非遗十大类项目	销售	公众

从文化维度来讲，非遗文创设计在研发过程中应当遵循两个原则。第一项原则是守正创新原则。要传承好非遗项目的文化基因，对于传统工艺项目来讲就是传承好核心技艺，在此基础上展开创意设计。换句话理解，就是研发设计要保留好各地非遗项目的特色文化风貌，保留好其中最精彩的技艺优势。第二项原则是尊重文化多样性原则。用尊重多元文化的态度，通过现代设计，帮助多元传统文化获得当代活力，以促进其得到可持续发展，形成非遗项目的文化存续力。创意设计过程的本质就是在创造新的文化样式。

此外，从传播价值上看，非遗文创具有较强的传统文化普及功能，在德智体美劳的教育方面均有重要意义，是青少年教育的重要组成部分。基于非遗十大门类所研发的非遗文创功能各有侧重，例如民间文学类往往具有德育意义，传统美术类具有美育价值，传统技艺类带有一定智力开发和劳动教育的功能，传统体育类与强身健体的体育精神不可分离。因此非遗文创的研发设计，从一定程度上可以考虑德智体美劳教育的需求，是一项社会新需求，也是一种设计新立场。

八、非遗文创产品的消费新群体

当前非遗文创的消费主体是喜爱传统文化的人群，他们通过购买非遗文创产品来深入体验传统文化，并具有一定经济消费能力。随着中国经济的发展，人民群众在文化消费、审美消费、情绪消费和精神消费领域的支出逐步提升，特别是产品的文化附加值逐步被市场接受。

在农耕文明下的传统社会中，传统手工艺的使用对象有两个大用户群体。第一类是宫廷和官宦等用户群体，产生了缂丝、云锦、花丝镶嵌、金箔等传统工艺项目。第二类是民间用户群体，产生了土布织造、蓝印花布、竹编、泥塑等传统工艺项目。其次还有两个特定用户群体，文人类用户群体逐渐壮大了制作笔墨纸砚印、雕刻雅玩、清供摆件等传统工艺项目，宗教类用户群体逐渐壮大了佛像绘制、供奉装饰等传统工艺项目。

今天在工业化、信息化、全球化的进程中，社会结构发生了巨大变革。从消费对象的变迁来看，手工产品在现代社会既失去了原来皇家宫廷这类群体，也失去了大部分市井百姓群体。传统工艺在今天社会中仍然存在着当代价值，在保持区域文化和人类情感等方面，传统工艺显示出独特的人文价值。当下社会正在发生文化升级和消费转型，在满足基本生活日用功能的基础上，情感关照、文化归属、个性体现等需求逐渐产生，成为非遗在现代生活中的新土壤。

传统工艺在今天的消费群体与过去是有对应联系的。传统社会中的官廷和官宦群体与现代社会中的精英群体比较接近，因此缂丝、云锦、花丝镶嵌、金箔等演变为今天的收藏品和高级定制品，在拍卖、展会等渠道流通。民间喜闻乐见的手工艺品保持不变，竹编、泥塑、土布、陶瓷、木艺等以轻体验、好创意、低价格的方式，转化为今天文化消费市场的主力军。

有个可喜的现象，随着国潮国货热的兴起，非遗文创产品越来越受到关注和欢迎。消费对象在年龄上呈现以青年群体为主的特征。

90后和00后青年群体是非遗文创的主要消费者，也是最有潜力的创造者。在他们的成长环境中，中国传统文化的普及教育已经相对成熟，经济环境也比较宽松，因此这一代人具备较好的文化认同感，同时也具有多元文化的倾向性，他们对符合自身文化定位和特质的产品更感兴趣。从消费行为上看，年轻消费者更倾向于通过电商平台购买非遗文创产品，对线下体验店更倾向于体验感受。其中以小红书平台为代表的“文艺青年群体”，具有一定的文化理解力和审美态度，其中国文化立场比较鲜明，是传统手工艺消费群体的重要对象。

80后和70后中青年群体是非遗文创最具有购买力的消费者，他们具有一定的经济基础和消费能力，对传统文化有较深的理解和兴趣。从消费行为上看，这类消费者在非遗文创产品的购买上，更注重产品的品质、品牌、文化审美、投资价值等，愿意购买价格较高的具有收藏性或实用性的非遗文创产品。

此外，非遗文创的消费对象在性别上主要为女性，她们倾向于购买具有装饰性和实用性的非遗文创产品，如饰品、服饰、家居用品等，关注产品的设计感和文化内涵，对产品外观和包装的要求比较高。从地域上看，城市消费者，特别是新一线城市的消费者，是非遗文创的主要购买群体，他们对非遗文创产品的认知度和接受度较高。

九、非遗文创产品的消费新场景

非遗文创产品相比非遗作品本身更具有市场竞争力，不仅价格更亲民，而且在功能和审美上更适合当代社会。随着国潮国货热的兴起，非遗文创主要有三个消费新场景。

第一，中国传统节日期间的非遗文创产品呈现快速增长的趋势，主要集中在春节、端午节和中秋节。传统节日是传承和弘扬中华优秀传统文化的重要载体，是古往今来人民群众对美好生活祝福和期盼的日子。节日期间人们相互赠送礼物表达祝福和问候，生动体现了中华文明作为礼仪之邦的深厚文化底蕴。非遗文创产品让人民群众生活更精彩，让传统节日更具时代内涵。

我们欣喜地看到，结合了多项非遗项目、有创意、有颜值的非遗文创礼盒，已成为传统节日期间的人气爆款。

春节是非遗文创消费最重要的节点，消费量几乎超过一年中的半数。春节的消费周期是农历新年前至元宵节，涉及春联、剪纸、木版年画、灯彩等非遗文创产品，以及汤圆、水饺、八宝饭等传统饮食类非遗产品。2024年12月，“春节——中国人庆祝传统新年的社会实践”正式被列入联合国教科文组织人类非遗代表作名录，预示着春节非遗文创产品消费将进入新时期。这是国潮消费最重要的时期。

端午节越来越受到当前社会的重视，相关的非遗文创涉及龙舟、粽子、艾草、香包、编绳等，均呈现明显增长。其中与粽子相关的非遗消费量最大，其次与编绳和香包相关的消费量增幅最大。中秋节历来是家庭团聚、表达问候、分享喜悦、祈愿团圆的节日，相关的非遗文创消费主要涉及月饼制作技艺，以及桂花酒、灯彩与兔儿爷等非遗文创等。

第二，随着国内旅游市场迅速发展，旅游期间的文化消费需求量很大。非遗作为中国各民族、各区域的传统文化，是文创产品研发设计的核心要素和文化内涵。随着文旅融合的深度推进，各地非遗文创产品已成为旅游消费的主力军。上海这座国际化大都市吸引着国内外游客，高质量的城市形象文创产品一直处于紧缺状态，具有上海各区县文化特征的非遗文创亟待开发。

第三，在婚庆、贺寿、生辰、商务聚会等重要场合，具有文化内涵的非遗文创产品，是表达心意和尊重、体现文化品位的选择。传统饮食类非遗文创往往具有亲和、接地气的特点，与传统美术类非遗产品相结合，所形成的文化主题礼盒更受消费者欢迎。比如朵云轩和功德林推出的《福寿双全·美美与共》限量艺术月饼礼盒，联合了木版水印技艺和素食制作技艺两项国家级非遗项目，具有浓厚的海派文化特征。又比如沈大成推出的《仙桃贺寿》糕点礼盒，用沈大成点心制作技艺完成轻弹的糯米皮水蜜桃果，与桃型瓷器搭配成礼盒，成为都市生活中贺寿祝福的理想选择。

十、非遗文创设计的数字化探索

近年来，数字化技术的快速发展，为非遗文创设计提供了新的技术平台。非遗数字藏品、数字动画技术、VR/AR沉浸非遗体验、AI融入非遗研发等，都为非遗文创设计打开了新的创意空间。

2021年NFT数字藏品出现，并迅速在2022年达到了峰值。其中传统文化数字藏品获得了很大的关注，如支付宝联合敦煌美术研究所发布的“敦煌飞天”和“九色鹿”数字藏品上线秒罄。上海朵云轩在2022年推出了多款具有影响力的非遗数字藏品。5月，朵云轩推出《木版水印任伯年群仙祝寿图》数字藏品，模拟实物金笺通景12屏的形式，发布12件成套数字邮票，对木版水印制作技艺起到了很好的普及推广作用。6月，朵云轩在“阿里—鲸探”平台推出《怀袖雅物——吴门四家折扇集锦》数字藏品，包括沈周《扁舟随流图扇》、文徵明《烟湖归舟图扇》、唐寅《松亭烟岚图扇》和仇英《太狮少狮图扇》4件数字产品，每件产品限量1万件，1分钟上线秒罄。

虚拟现实（VR）与增强现实（AR）技术是非遗传播的新途径。通过构建沉浸式非遗体验空间和场景，让观众能身临其境地感受非遗，在信息传递时更具感染力和印象度。目前VR和AR技术被越来越多地应用于非遗博览馆、非遗展览、非遗文旅空间等。同时随着AR/VR眼镜等硬件设备的发展，非遗在虚拟空间的体验在未来具有广阔的前景。例如，适配真人中国传统戏曲仿真表演系统是中国艺术科技研究所和上海工艺美术职业学院合作研发的，采用了数字虚拟人和虚拟沉浸技术，让体验者穿上戏服，模仿中国传统戏曲演员的表演动作，与虚拟戏曲人互动，瞬间进入传统戏剧的表演情境。

与此同时，“非遗+游戏”的数字化探索不断推陈出新，上海米哈游推出的游戏《原神》，融入了多项非遗项目，通过游戏与传统文化的结合，不仅让非遗技艺走进年轻人的生活，还向全球玩家展示了中国非遗的魅力。《原神》于2023年推出的长期非遗项目《流光拾遗之旅》，由上海市文化和旅游局非遗处指导，涉及上海非遗项目有金银细工制作技艺和顾绣，还有木版年画、龙泉青瓷、麦秆画、鱼灯、蛋雕等非遗项目。

此外，越来越多非遗主题的数字动画涌现出来，如《雄狮少年》等以现代视角重现传统文化，展现了醒狮、南拳、龙舟等岭南地区的非遗项目。

十一、作为上海新经济的非遗文创产业价值

近十年来，随着非遗保护工作的有效推进，非遗项目逐步得到社会的认知和认同，非遗重新回到人民群众的生产生活中。从一定范围内看，非遗传播造就了传统文化消费市场，非遗研培造就了一批非遗新产品的创造者，加上各类介入非遗保护的品牌企业、高校机构、文化单位等，以及非遗经纪人等新兴行业的诞生，以非遗为核心的文化创意产业开始形成体系。

作为国际大都市，上海对文化潮流具有很强的敏感度和包容性，在城市文化建设、头部品牌经济、文化创意产业等方面具有优势。上海正在创造新的传统文化IP，助推形成未来的文化新经济。例如，豫园灯会是上海重要的国家级非遗代表性项目，是上海传统文化极具影响力的文化IP之一，具有深厚的历史底蕴和广泛的群众基础。从2023年开始，豫园灯会以《山海经》为

主题，连续三年展开“山海奇豫记”主题叙事，从2023年的山经篇、2024年的海经篇，到2025年的丛林篇，正在构建一个充满奇幻色彩和传统文化底蕴的灯会IP。与此同时，通过引入数字高科技,使得灯会体验更加沉浸式和多元化。2023年，豫园通过多媒体灯彩艺术和AR技术，将《山海经》中的神话世界呈现于豫园实景之上。2024年，豫园引入AR技术，让游客通过手机扫描寻觅隐藏的非遗“刺绣龙”。2025年，豫园推出全球首个《山海经》主题灯彩沉浸体验项目——《山海奇豫记》VR大空间，将线下灯会延伸到线上。这正是新质生产力中技术与文化融合的特征，让灯会在活态传承中绽放。

随着国潮国货日益兴起，越来越多的品牌战略开始从流行文化转向传统文化，从西方文化转向东方文化。品牌企业集体介入非遗跨界合作领域，成为一个现象级事件。其中上海的代表性品牌有佰草集、野兽派、回力球鞋、凤凰自行车等，他们将传统文化元素融入产品基因，以建立品牌的东方文化形象。佰草集作为高端护肤品牌，曾与花丝镶嵌技艺、京绣、金箔、苏绣、云锦等非遗项目跨界合作。野兽派作为知名艺术生活品牌，与徐行草编、永康锡雕、潮州木雕、崇明土布纺织技艺等进行跨界合作，为品牌塑造了很好的文化形象和认同感。笔者于2020年前后策划了凤凰自行车与遵义藤编的跨界合作、哈氏海派糕点与赤水竹编的跨界合作、英雄钢笔与格萨尔英雄史诗的跨界合作等项目，为东西部协同发展提供了非遗帮扶的新模式，同时也为传统文化赋能中国品牌提供了一种可能性。

2021年以来，星巴克在中国的在地化发展战略取得了显著成效，特别是在非遗主题概念店的建设方面，分别在北京建设了蜡染主题概念店，在上海非遗概念店融入了上海绒绣与云南银饰锻造等，在苏州非遗概念店融入了苏绣、昆曲、桃花坞木版年画、油纸伞等非遗项目。更值得关注的是，回力球鞋启动“非遗100”运动时尚球鞋计划、携程每年在中国传统节日推出区域性非遗主题纪念礼盒等，已将非遗跨界作为品牌可持续发展的战略计划。

上海作为世界设计之都，具有活跃的文化创意产业体系和品牌集群优势。自2022年以来，上海市文化和旅游局非遗处启动了“上海非遗文创大赛”，吸引了非遗传承人群体、设计师群体、高校师生群体等参赛，促进了非遗与文创设计产业的融合。比赛以“非遗新体验”为主题，展出了一批“创新、好用、可转化”的国潮文创产品和设计方案，助力传统文化焕发时尚魅力。此外，上海在近十年来拥有许多与传统文化、非物质文化遗产、文创设计相关的展览展会，例如中国国际进口博览会、非遗国潮大会、上海国际手造博览会、世界设计之都大会、设计上海、上海设计周等，都为非遗文创设计的发展提供了良好的产业环境和发展平台。

第二章
海派非遗探索创意新生

基于上海非遗项目的文创设计

上海市的非遗资源兼容并蓄，种类繁多，融合了江南农耕文明、近代工商业文明、国际大都市文明的基本特征。从全国范围内对比来看，上海市的非遗虽不及云南省、贵州省、四川省拥有丰富多彩的少数民族文化，也不及长三角浙江省、江苏省、安徽省拥有悠远雅致的江南文化，更不及河南省、山西省、陕西省拥有浑厚古朴的中原文化，但是上海在近现代文明下孕育出来的东西交融、兼容并蓄的都市文明，恰是上海非遗的独特魅力所在。

一、上海非遗资源基本特征

从数据上看，上海市第一批至第七批非遗代表性项目共计429项，其中国家级非遗代表性项目76项、市级非遗代表性项目353项、区级非遗代表性项目近千项。从全国31个省、自治区、直辖市的非遗对比来看，上海非遗资源不占优势，上海非遗代表性项目数量位于全国中下游。

上海市非遗代表性项目涵盖了非遗的十大门类，包括民间文学，传统音乐，传统舞蹈，传统戏剧，曲艺，传统体育、游艺与杂技，传统美术，传统技艺，传统医药和民俗。从市级非遗代表性项目的数量来看，传统技艺类（161项）和传统美术类（74项）数量众多，发展较好，大部分项目在近现代手工艺和工业转型过程中，产生了重要的经济价值。

2022年，文化和旅游部等十部门发布《关于推动传统工艺高质量传承发展的通知》，要求健全非遗保护传承体系，推动传统工艺实现创造性转化、创新性发展，更好服务经济社会发展和人民高品质生活。同年文旅部非遗司支持贵州省、上海市、浙江省开展“推动传统工艺高质量传承发展”试点工作。自此，上海成为探索都市文明下传统工艺高质量发展的重要地区。

表2–1　上海市第一批至第七批非遗代表性项目现状

序号	非遗类型	国家级代表性非遗项目数量（包含子项）	市级代表性非遗项目数量（包含子项）
1	民间文学类	3	17
2	传统音乐类	8	26
3	传统舞蹈类	5	9
4	传统戏剧类	7	11

5	曲艺类	5	5
6	传统体育、游艺与杂技类	4	20
7	传统美术类	10	64
8	传统技艺类	19	142
9	传统医药类	11	38
10	民俗类	4	21

从上海市16个区地理分布来看，非遗代表性项目数量（第一批至第七批）排名前三位的是浦东新区（48项）、黄浦区（34项）、徐汇区（29项）。浦东新区由于占地面积大，区域文化丰富性大，历史文化跨度大，因此数量最多。从分布密度来看，非遗代表性项目多集中于市中心的老城厢区域，特别是黄浦区非遗生动鲜活地反映了上海老百姓的日常生活面貌，其次是徐汇区的非遗项目，具有浓郁的海派摩登特征。

表2-2　上海各区非遗代表性项目数量排名

序号	行政区	非遗代表性项目	非遗代表性项目（含子项目）
1	浦东新区	45	48
2	黄浦区	32	34
3	徐汇区	27	29
4	奉贤区	19	20
5	崇明区	19	20
6	嘉定区	19	19
7	青浦区	17	17
8	静安区	16	17
9	金山区	16	17
10	闵行区	16	17
11	长宁区	15	15

12	杨浦区	13	13
13	宝山区	12	12
14	普陀区	10	10
15	松江区	10	10
16	虹口区	7	7

尽管上海的历史不长，但是在近代都市文明发展历程中，上海在文化融合的背景下孕育出了独有的文脉体系，这与城市的历史文脉和精神特质息息相关。相比中西部省份多民族聚集地灿烂多元的非遗项目，相比江南三省文人雅集和皇家御用的非遗项目，上海非遗的最大特征就是都市文明下的土壤中所孕育的传统文化生活特征。因此，上海非遗项目具有都市时尚生活特征、东西方文化特征、江南文化特征、近代商业文明特征、乡村民间生活特征和近现代时代特征。

特征一：都市时尚生活特征。上海都市文化在二十世纪三四十年代逐步吸引了世界目光，其拥有“东方巴黎”的美称。由于西方文化和江南文化的介入，摩登时尚、多元包容、精致典雅的上海都市文化逐渐成形。上海非遗在衣食住行中的“衣”表现最为突出，服饰类非遗项目引领时尚，精致细腻，例如海派旗袍制作技艺、中式服装盘扣制作技艺、钩针制作技艺、绒线编结技艺等。上海都市文化还表现在各类供把玩欣赏的雕刻类非遗项目，包括海派玉雕、上海牙雕、紫檀雕刻、上海砚刻、上海细刻、瓷刻等，展现出一幅浓郁的海派都市生活画卷。

特征二：融合东西方文化特征。从全国范围来看，上海非遗最典型的特征是融合东西方文化，这与上海自1843年开埠以后的文化变迁具有重要关系。例如上海绒绣起源于欧洲，多为生活用品，二十世纪初传入上海，由于当时传教士在上海招收学徒并推进规模化生产，因此绒绣在上海逐渐生根。之后中国商人设立工厂进行规模化生产，并在技术上不断突破，结合时代特征和上海地区的审美特征，逐渐向艺术创作及更精湛的技艺发展，形成了今天的上海绒绣。又如石库门营造技艺最早出现于租界开辟时期，由于当时“华洋杂居”，形成了吸纳英国联排式住宅布局，以及徽派民居、江南民居、闽南民居等特征的新兴住宅。经过几轮西方文化冲击，逐渐形成了更具欧式特征的山墙、门楣、百叶窗、铁艺和石雕等，也根据社会居住情况需求，吸纳了更多江浙民居布局和装饰语言，形成了独特的上海石库门营造技艺。

特征三：融合江南文化特征。从华东地区来看，上海非遗与周边相连的江苏省和浙江省的非遗息息相关，这是由于上海开埠后大量江浙移民进入上海，从而形成了上海的江南文化特征。例如江南丝竹就是由江苏省太仓市和上海市联合申报的第一批国家级非遗项目，流行于上海地区、江苏南部、浙江西部。又如苏州评弹产生并流行于苏州，同时也流行于江浙沪一带，上海的非遗项目评弹与苏州评弹之间具有密不可分的联系。此外，传统工艺门类中的竹刻同样流行于江南地区，上海的嘉定竹刻、常州留青竹刻、无锡留青竹刻、徽州竹雕、黄岩翻簧竹雕，相互之间血脉相通。

特征四：近代商业文明特征。上海非遗具有鲜明的商业文明特征。自清代开始，上海便诞生了许多商业字号，大多为食品、医药、服饰类，距今百年历史，称之为“老字号”。二十世纪三四十年代，上海的商业高度繁荣，其拥有“十里洋场”的美称，商业字号得到快速发展。目前上海拥有商务部认定的“中华老字号”180家（2006年第一批和2011年第二批），是全国拥有老字号品牌最多的城市。此外，上海还拥有“上海老字号”42家（2014年第一批）。如果将上海市的国家级和市级非遗代表性项目，与上海的“中华老字号”和“上海老字号”名录进行比对就会发现，有近三十项是有关联性的，这些非遗项目所属企业是老字号。比如，“功德林”老字号品牌拥有素食制作技艺（非遗项目），“朵云轩”老字号品牌拥有木版水印技艺（非遗项目），“老凤祥”老字号品牌拥有金银细工制作技艺（非遗项目）等。

表2-3　拥有国家级非物质文化遗产代表性项目的中华老字号企业一览表

序号	中华老字号企业名称	注册商标	非遗项目名称	非遗项目级别及编号
1	上海周虎臣曹素功笔墨有限公司墨厂	曹素功	徽墨制作技艺（曹素功墨锭制作技艺）	国家级Ⅷ−73

2	上海周虎臣曹素功笔墨有限公司笔厂	周虎臣	毛笔制作技艺（周虎臣毛笔制作技艺）	国家级Ⅷ-200
3	上海朵云轩	朵云轩	木版水印技艺	国家级Ⅷ-77
4	上海老凤祥有限公司	老凤祥	金银细工制作技艺	国家级Ⅷ-117
5	上海民族乐器一厂	敦煌	民族乐器制作技艺（上海民族乐器制作技艺）	国家级Ⅷ-124
6	上海钱万隆酿造厂	钱万隆	酱油酿造技艺（钱万隆酱油酿造技艺）	国家级Ⅷ-154
7	上海梨膏糖食品厂	梨膏糖	梨膏糖制作技艺（上海梨膏糖制作技艺）	国家级Ⅷ-275
8	上海老饭店	上海老饭店	上海本帮菜肴传统烹饪技艺	国家级Ⅷ-230
9	上海功德林素食有限公司	功德林	素食制作技艺（功德林素食制作技艺）	国家级Ⅷ-164
10	上海龙凤中式服装有限公司	龙凤	中式服装制作技艺（龙凤旗袍手工制作技艺）	国家级Ⅷ-193
11	上海亨生西服有限公司	亨生	中式服装制作技艺（亨生奉帮裁缝技艺）	国家级Ⅷ-193
12	上海培罗蒙西服公司	培罗蒙	中式服装制作技艺（培罗蒙奉帮裁缝技艺）	国家级Ⅷ-193
13	上海雷允上药业西区有限公司	雷允上	中医传统制剂方法（六神丸制作技艺）	国家级Ⅸ-4

特征五：乡村民间生活特征。上海的周边郊县乡村，具有独特的江南文化和海派文化样貌，具有比市中心更久远的历史文化，特别是松江地区、嘉定地区、金山地区、浦东地区、崇明岛等，保留着一些独特的文化习俗和生活方式，也形成了当代特有的非遗项目。比如与乡村日常饮食相关的有上海米糕制作技艺（松江区、闵行区、金山区、崇明区）、崇明老白酒传统酿造技法（崇明区）等；与乡村节庆民俗相关的有朱泾花灯会（金山区）、罗店彩灯（宝山区）、舞草龙（松江区）、滚灯（奉贤区）等；与乡村传统工艺相关的有徐行草编工艺（嘉定区）、罗泾十字挑花技艺（宝山区）等。还有部分上海非遗项目源自田野劳作生活，体现当地人们乐观豁达的生活

态度。金山农民画表现了上海乡村生活的美好片段，比如捕鱼、捉蟹、种田、砍柴的劳作场景；上海田山歌、陈行谣谚等民间歌曲和谚语，在烟雨蒙蒙的江南农村流传着。

特征六：鲜明的近现代时代特征。上海发展主要在近现代时期，鸦片战争后上海开埠成为通商口岸，展开了东西方文化交融发展的历史画卷。中华人民共和国成立后上海成为中国工业中心，改革开放后上海成为经济金融贸易中心。百年历史征程中，每个阶段都在上海非遗项目中留下印记，因此总能找到代表某段历史发展的非遗项目。比如月份牌这项非遗是上海都市商业发展的时代记忆。又如上海工人大锣鼓、上海港码头号子等体现了上海当时作为工业中心的文化特征。此外，上海宣传画、连环画、土山湾手工工艺、汉字印刷字体书写技艺等，都是上海当时传播新思想和新文化的重要途径。

二、基于上海非遗传承的文创设计现状

从上海非遗传承主体出发，近十年来上海的非遗保护单位和非遗传承人群，在国家政策的推动下，在上海市文旅局非遗处的指导下，积极参加研修培训班，融入非遗传播工作，在社区文化、乡村振兴、品牌合作、文旅融合等领域进行了多元丰富的探索。虽然上海非遗代表性传承人队伍面临高龄化的棘手问题，但是近年来中青年后备人才的培育措施，有效支撑了传承梯队建设发展。例如上海市在 2024 年推出“上海市非物质文化遗产传承青年人才储备库”，加强对后继人才的动态跟踪和扶持，完善传承梯队建设。

从全国范围对比来看，上海非遗代表性传承人受教育程度普遍较高，视野开阔，拥有较好的审美水平和合作意识，沟通和表达能力较强，部分传承人拥有较好的品牌意识和营销能力。近年来，通过各种非遗展览、论坛研讨、美育活动等，以上海非遗传承人群为主体，通过多种研发设计模式，形成了一批非遗文创设计成果。

本书精选 22 项以上海非遗代表性项目为基础研发的非遗文创设计成果，以传统技艺类和传统美术类非遗项目为主，从非遗保护传承为出发点，解析设计背景和研发思路。这些案例大多是非遗传承人为主创作设计的，其中包含部分上海高校和设计机构助力非遗传承人共同设计，生动鲜活地反映了非遗传承人主动融入现代生活的创作成果。

上海绒绣

第三批国家级非物质文化遗产项目（2011年）

入选国家传统工艺振兴名录项目（2018年）

非遗分类：传统美术

上海绒绣是一种采用彩色羊毛绒线，在特制网眼布上一格一针或数针绣制的刺绣技艺，技艺流程有选稿、染线、配线、打格、勾图、上架、绣制等工序。上海绒绣具有浓郁色彩、厚重质感、立体感好的观赏特征。

上海绒绣也具有东西方文化融合的特征，其起源于欧洲，装饰艺术风格特征浓郁。20世纪初绒绣传入上海，当时传教士在上海招收学徒并推进规模化生产，洋行收购绒绣花片用于出口，因此绒绣在上海落地生根。20世纪30年代，绒绣从业人数增多，开始有中国商人开设商行，其中杨鸿奎开设6家绣花厂，形成上海绒绣的早期生产基地。

1949年，绒绣在上海站稳脚跟，形成工艺品与艺术品的分类。1954年，上海东方绒绣厂、上海红星绒绣厂相继创立，绒绣生产与创作进入黄金时期，在技法上融入长三角地区传统刺绣工艺技法，形成具有海派特征的绒绣发展道路。20世纪80年代，绒绣成为上海出口创汇的重要手工艺产品，打造了上海出口经济收入的半壁江山，提供了大量劳动力就业岗位，带动上海地区乡镇的发展。90年代后，绒绣艺术品开始趋向于大型建筑的室内陈设，北京人民大会堂十多个厅和许多大型建筑内部多用大型绒绣壁画装饰。随着时代发展和社会转型，目前上海绒绣面临新的挑战，正在寻求新的发展道路。

数代上海绒绣工匠将欧洲绒绣技艺与中国传统刺绣技艺相融相生，结合上海人文气质和时代审美特征，在题材、工艺、材料、风格、应用等方面与时俱进，不断传承和创新。目前，上海绒绣正在积极适应社会发展和需求变化：一方面走进艺术，创作高层次艺术精品；另一方面走进生活，结合日常生活的衣食住行玩，研发符合现代审美的绒绣文创衍生品。

上海黎辉绒绣文化发展有限公司

上海绒绣国家级非遗项目保护单位，2000年由包炎辉（原上海红星绒绣厂厂长）创建，由国家级上海绒绣传承人唐明敏、工艺师及设计师等8人组成。他们技艺精湛，平均年龄65岁。20年来完成30余幅大型绒绣艺术壁画作品，包括北京人民大会堂上海厅、国宴厅、香港厅、澳门厅等壁画创作。近年来，积极开拓绒绣文创产品，注册文创品牌“Queens Back”，推动上海绒绣进入上海现代城市生活。

《丝路春语·石榴花》绒绣手包

材质：羊毛绒线、网眼布、五金配件

尺寸：长33厘米、宽6.5厘米、高14.5厘米

创作时间：2015年

创作单位：黎辉绒绣

设计说明：用于中国外交部国礼。采用丝绸之路沿途的石榴花为元素进行绣制。手包造型典雅大方，以清代满族女子头饰“大拉翅”为灵感。

《魔方》绒绣笔记本

材质：羊毛绒线、网眼布、笔记本

尺寸：长18厘米、宽15厘米、厚2.5厘米

创作时间：2020年

创作单位：黎辉绒绣

设计说明：笔记本色彩和图形简洁明快，用15目网眼布绣制。

建党100周年
1921-2021
不忘初心★牢记使命

HANDMADE CRAFT
上海绒绣—国家级非遗技艺
手工染色与刺绣
跨界限量款
LIMITED EDITION

《梦鹿》
创作时间：2014年
参加第2届中国当代工艺美术双年展

《爱鹿》
创作时间：2013年
参加上海当代工艺美术精品展、第7届上海美术大展

《爱鹿》《梦鹿》《花鹿》上海绒绣艺术装置

材质：羊毛绒线、网眼布、玻璃钢

尺寸：长142厘米、宽40厘米、高173厘米

创作单位：黎辉绒绣

设计说明：每件作品由20余幅纯手工绣制的绒绣画片拼接而成，由近60万针、1000余种色彩绒线构成。精心剪裁，巧妙设计，表达对自然、生活、亲情的美好向往。

《花鹿》

创作时间：2021年

为献礼建党100周年创作，参加“百年百艺·薪火相传”中国传统工艺邀请展。

上海东岸绒绣艺术研究中心

2015年由上海浦东新区高桥镇设立，作为绒绣的保护、传承、展示、交流、研发的传统文化基地，拥有2位市级绒绣传承人何冬梅和金雯。中心推出非遗保护智库联盟计划，邀请社会各界相关人才协同创新，为绒绣的保护传承和跨界创新提供发展建议。近年来，中心积极联动艺术类高校、文创设计机构、社会公益组织等，推动新时代绒绣艺术品创作，探索绒绣文创产品的研发和传播。

《玫瑰》绒绣皮夹

作者：绒绣传承人何冬梅、上海设计师施军燕

材质：羊毛绒线、网眼布、皮革

创作时间：2016年

《玉兰》绒绣手包

作者：绒绣传承人何冬梅、上海设计师施军燕

材质：羊毛绒线、网眼布、皮革

创作时间：2016年

《包绒万象》绒绣背包及办公系列

作者：绒绣传承人何冬梅、金雯；上海设计师李依蔓

策划：上海市公共艺术协同创新中心

材质：羊毛绒线、网眼布、皮革

创作时间：2023年

设计说明：采用优雅低调的绒绣图案，形成简约实用的蓝色系小背包，以及雍容大气的粉色系大背包和笔记本等，颇受欢迎。

《绒于科技》蓝牙音箱家居边桌

作者：绒绣传承人何冬梅、金雯；上海设计师李依蔓

策划：上海市公共艺术协同创新中心

材质：羊毛绒线、网眼布、音响、木质边桌

尺寸：高70厘米

创作时间：2023年

设计说明：将绒绣与蓝牙音箱、家居边桌融合设计，将传统家居产品与音乐播放功能和海派工艺审美结合起来。

《绒韵》绒绣海派旗袍

作者：上海绒绣传承人何冬梅、金雯；上海设计师苗海燕

材质：羊毛绒线、网眼布、传统旗袍面料

创作时间：2018年

设计说明：墨绿旗袍采用干净利落的裁剪和线条，搭配欧式绒绣花卉纹样，具有东方江南韵味和西方装饰风格。

《狐狸》绒绣女鞋系列
材质：羊毛绒线、网眼布、桑蚕丝线、桑蚕丝底布
创作时间：2019-2020年

上海文奎工艺品有限公司

专业从事绒绣创作、生产与销售，拥有海派绒绣高定品牌“晔”。由上海市区级绒绣传承人陈文奎创立，其早年任职于上海红星绒绣厂。目前产品主要以国际销售为主，欧陆风格浓郁。在绒绣的底布面料上进行改良，通过增加单位面积针数密度有效提高了绒绣的细腻程度。近年来积极探索面向中国市场的高端绒绣服饰产品，包括绒绣鞋履、饰品、箱包等。

《马》绒绣女鞋系列

材质：羊毛绒线、网眼布、桑蚕丝线、桑蚕丝底布

创作时间：2019-2020年

设计说明：欧洲传统社交活动是绒绣生活用品的主要题材，骑马猎狐系列女鞋，是出口欧洲的代表性手工艺产品。

《大猎狐》绒绣音响

材质：红花梨木、桑蚕丝线、羊毛绒线

尺寸：长108厘米、宽13厘米、高7厘米

创作时间：2019年

设计说明：精致低调的绒绣狩猎图案绣制于音响表面特殊的黑色布料，为专业沉稳电子产品增添艺术气息。

《蝶变》绒绣高定小礼服

材质：真丝缎面、桑蚕丝线、羊毛绒线

创作时间：2022年

设计说明：礼服领口采用黑色纱底的蝴蝶花卉绒绣，结合重磅真丝缎面，形成精致典雅的高定小礼服。

《繁花》绒绣手环

材质：银、铜、桑蚕丝线、桑蚕丝底布

创作时间：2022年

设计说明：手环样式以马踏雪地留下的掌印为灵感，镶嵌绒绣繁花绣片，舒适美观。

上海嘉秀工艺品有限公司

以设计和生产传统欧洲绒绣艺术品为主业，石似珏担任设计总监。产品主要有欧洲印象派系列名家名画，以及结合现代装饰元素的绒绣家居产品，如沙发、地毯、靠垫等。近年来结合上海城市手工爱好群体需求，研发推出田园风绒绣文创产品，主要有各类女士包、鞋、腰带等。

《公主的后花园》绒绣肩挎女包

材质：羊毛绒线、网眼布、布纹小牛皮

尺寸：长20厘米、宽7厘米、高20厘米

创作时间：2021年

设计说明：棕色小松鼠款、天蓝小白兔款，都采用20目精细绒绣工艺，表现欧洲花园里生动嬉戏的场景，造型刻画细腻，典型的田园风貌颇受欢迎。

《繁花似锦》绒绣肩挎女包

材质：羊毛绒线、网眼布、荔枝小牛皮

尺寸：长23厘米、宽12厘米、高20厘米

创作时间：2021年

设计说明：马蹄包采用古典欧式花卉和东方色彩，繁花似锦，圆满吉祥，三款色彩在10目底布上用粗细针绣制，绣片耗时19小时。

《梦露》《赫本》绒绣手包

材质：羊毛绒线、网眼布、荔枝小牛皮

尺寸：长20厘米、宽12厘米、厚1.5厘米

创作时间：2020年

设计说明：梦露款绒绣手包采用羊毛彩维绒，包括两款波普撞色搭配，时尚摩登，绣制4000针，耗时60小时。赫本款绒绣手包采用黑白色系，适合搭配服饰，丝线局部点缀，运用15目底布绣制，绣制4500针，耗时65小时。

海派绒线编结技艺

上海市级非物质文化遗产项目（2015年）

非遗分类：传统技艺

海派绒线编结技艺是用羊毛绒线为材料，棒针或钩针为工具，按照多种编织技法不断重复形成各种生活用品和服饰用品的技艺，主要有棒针编结和钩针编结两大类。它经历一个多世纪的传承，具有浓郁的上海市民审美文化特征和城市发展的时代性。

十九世纪中叶，绒线编结是上海城里中上层妇女的家庭女红活动。在传统民间结线基础上，妇女们开始流行用洋行带来的羊毛绒线和棒针、钩针等工具编织服装。一时这股潮流风靡沪上，之后逐渐传播至大江南北及港台地区，发展成为民间手工编结产业，产品出口至欧洲、亚洲和大洋洲等。经过半个多世纪的沉淀和积累，绒线编结流行在上海妇女群体中，是摩登时尚的象征，深入至人们日常生活，具有典型的东西融合海派特征。这项技艺推动了民族毛纺工业的发展，也为城乡妇女提供就业。如今海派绒线编结技艺虽然已经淡出我们的生活，但是其独特的时代风貌已形成一种海派符号，被赋予新的文化经济价值。

恒源祥（集团）有限公司

经营产品覆盖绒线、针织、服饰、家纺等，拥有“绒线大王”的美誉，作为世界产销手编毛线最大的企业之一，是绒线编结技艺和上海绒绣非遗代表性项目的保护单位。1927年成立于上海，拥有15家子公司，旗下拥有“恒源祥”“彩羊”“小囡”等品牌，是2008北京奥运会赞助商、2009至2022年中国奥委会首家合作伙伴和赞助商、劳伦斯世界体育奖颁奖典礼主办方等。

《绒情玉兰》绒线编结白玉兰花

材质：羊毛绒线、瓷瓶

尺寸：宽44厘米、高54厘米

创作时间：2023年

设计说明：采用上海市花白玉兰，寓意纯洁真挚、敢为人先、奋发向上，彰显海派风情，获第二届“非遗新体验”国潮文创设计大赛“最佳作品奖”。

《绒耀之花》绒线编结2022冬奥会花束

材质：羊毛绒线

尺寸：高34厘米，宽24厘米

创作时间：2021-2022年

设计说明：冬奥会颁奖仪式花束采用绒线编结技艺制作的花束，带来温暖祥和，表达可持续发展理念，被誉为“永不凋谢的奥运之花”。花束配合印有“BEIJING　2022”的蓝色丝带，凸显冬天冰雪世界的特征。

BEIJING 2022
BEIJING 2022

钩针编织技艺

上海市第一批非物质文化遗产项目（2007年）

非遗分类：传统技艺

保护单位：上海市闵行区莘庄镇文化体育事业发展中心

钩针编织技艺是上海女性用本地传统钩针工具，以棉线为主料，改良欧式抽纱编织法，由织编结合发展而成的一种花边编织技艺。虽然钩针编织技艺使用的工具简单，但是花样繁多，变化丰富，目前有基本针法三十多种、钩针花样上千种。钩针编织技艺具有镂空装饰的视觉效果，接近蕾丝花边，给人以时髦摩登的城市气息，是欧洲抽纱编织技艺在上海本土化的智慧结晶。

1886年，在徐家汇天主教堂，由法国传教士带来欧洲抽纱编织技艺和相关产品。之后教会在徐家汇和漕河泾等地区设立传习所，教当地妇女编结花边。1910年，徐家汇天主教堂设立工场，组织当地妇女根据欧洲流行的花边样式，用传统钩针工具和技法进行生产。之后在莘庄镇创立花边商号，这项技艺逐渐流传至周边地区，成为具有一定规模的手工产业。20世纪50至80年代，莘庄镇编结加工场不断扩展，尤其是建立上海县艺品厂后，在外销业务的带动下，钩针编织技艺逐步对江浙地区产生了影响。百年来，钩针编织技艺已成为闵行区重要的家庭副业，对当地民风民俗都产生了重要影响。

《彩马》钩针装饰艺术

作者：钩针编织技艺传承人金龙华

尺寸：长53厘米、宽23厘米、高35厘米

设计说明：采用丝光棉线等线料，通过辫子针、短针、中长针、长长针、虾结针、后退针等针法钩编制成。以绿色为底，通过钩针花样和色彩的变化，勾勒出艺术马头形象。

《格桑缘》牦牛绒及钩针时尚服饰系列

作者：钩针编织技艺传承人林花、上海设计师叶青

策划：上海市公共艺术协同创新中心、婉珺玺品牌

创作时间：2021年

设计说明：青海果洛藏族风情的牦牛绒服装，结合钩针编织技艺制作的大朵格桑花装饰，形成具有草原风貌、率真随性的服饰气质。格桑花装饰象征青海果洛人民的幸福生活，藏花红、土格黄、牦牛白、松石绿、经典黑的配色，充满高原民族特色和摩登时尚气息。

《WJX蝶梦》高定礼服

作者：钩针编织技艺传承人林花、上海设计师叶青

材质：面料、毛线

创作时间：2024年

设计说明：以蝴蝶为灵感，结合海派钩针和植物染色技艺，唤起人们对大自然美好与环境保护的共鸣。钩针编织的镂空蝴蝶表达生物多样性；与细腻的网纱相结合，在疏密虚实间形成对话。

顾村结艺制作技艺

上海市宝山区第六批非物质文化遗产项目（2019年）

非遗分类：传统技艺

保护单位：上海云琅文化发展有限公司

顾村结艺是中国结艺在上海传承发展的生动呈现。传承经典结艺编织的智慧和技法，在中国结基本技法如绾、结、穿、缠、绕、编、抽等基础上，融入金银、珠宝、竹木、玉石、大漆等多种材料，进行融入当代生活美学的设计，应用于当代时尚产业。相比中国其他地区的传统结艺，顾村结艺更具上海的摩登时尚气质。

《镜·花·园》礼服系列

作者：顾村结艺制作技艺传承人陈雅君、设计师叶青

策划：上海市公共艺术协同创新中心

创作时间：2021年

设计说明：采用顾村结艺制作红五星装饰物，用于礼服的腰部和胸部。红五星结艺与宝蓝色礼服形成鲜明对比，用时尚摩登的方式体现上海红色文化。

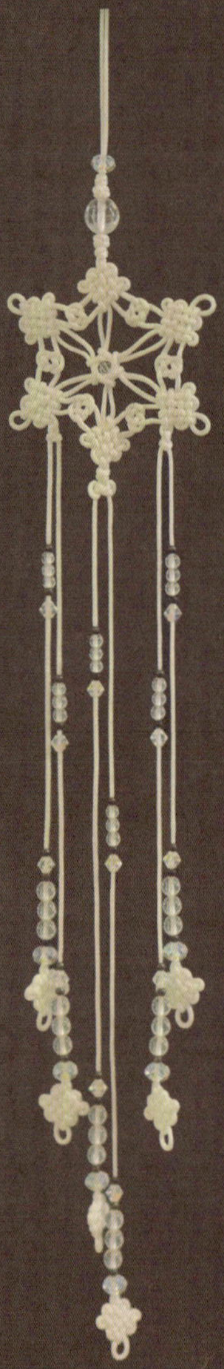

冰花结中国结挂件

作者：顾村结艺制作技艺传承人陈雅君

材质：线材、水晶

创作时间：2022年

设计说明：以冬奥会开幕式的中国结为灵感，创作冰花结，6个盘长结模拟小雪花形状，5颗白水晶在中间系团锦结。

花丝香球仿唐中国结垂饰

作者：顾村结艺制作技艺传承人陈雅君

材质：花丝镶嵌香球、真丝扁线、天然珍珠、珊瑚球

创作时间：2021年

设计说明：仿唐代杨贵妃香薰垂饰，采用经典绳结和花丝镶嵌制作，雍容典雅。

双线翡翠环寿字垂饰

作者：顾村结艺制作技艺传承人陈雅君

材质：真丝线、翡翠

创作时间：2022年

设计说明：以金黄色寿字结和四季如意结，串联翡翠如意背云和翡翠雕刻龙珠，缀双穗流苏，寓意福寿如意、连绵不断。

罗泾十字挑花技艺

上海市第一批非物质文化遗产项目（2007年）

非遗分类：传统技艺

保护单位：上海市宝山区罗泾镇社会事务服务中心（上海市宝山区罗泾镇社区文化活动中心）

罗泾十字挑花技艺起源于明末清初，有三百多年历史，起源于上海近郊罗泾地区妇女对美的追求。通常在土布上用彩色棉线挑花，用于兜头手巾、肚兜、布裙、鞋面等装饰。挑花的表现程式正面呈十字，背面一字点状整齐排列，基本针法有行针、绞针、蛇脱壳等。常见纹样有蝴蝶花、八角花、腰菱花、鸟花、荷花、柏枝花、一根草、攀藤草等，凝聚了农家妇女的创造力和勤劳智慧。

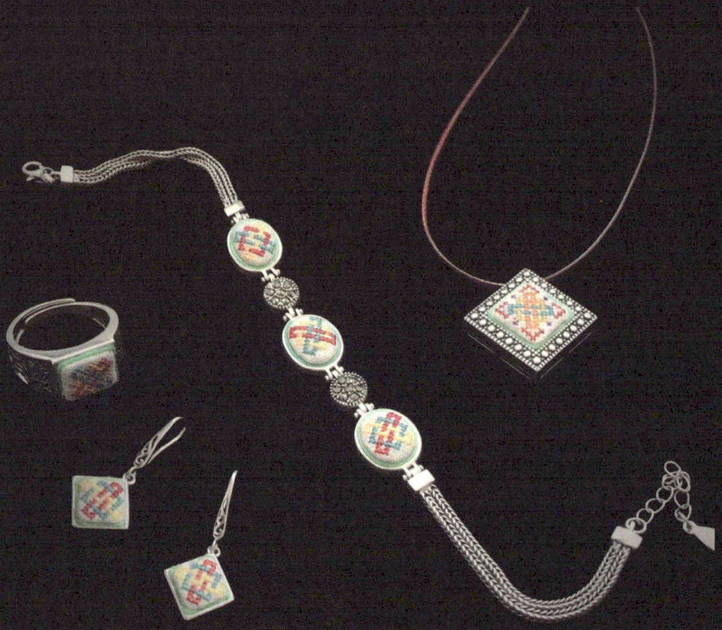

罗泾十字挑花传统首饰

作者：罗泾十字挑花传承人郑晓蓉

产品：项链、手链、耳环、戒指

设计说明：将十字挑花技艺创新性应用于现代首饰，与日常生活相联系，赋予时髦摩登的新形象。

冬奥冰花笔帘

制作：罗泾十字挑花传承人郑晓蓉

设计：东华大学人文学院

创作时间：2018-2022

设计说明：在传统挑花基础上，在每个十字交叉间空出一根经纬纱距离，使纹样在视觉效果上更加舒展有力，形成一朵灵动雪花，象征生生不息、绵延不断。

《千变万化》非遗万花筒系列

设计制作：设计师李依蔓、十字挑花传承人郑晓蓉、
黎族织锦传承人朱英妹、扎染技艺传承人王奕蓉等

传统工艺：十字挑花、黎族织锦、扎染技艺等

创作时间：2019年

《花飞锦绣香》十字挑花文创系列

作者：设计师应敏、罗泾十字挑花传承人郑晓蓉

创作时间：2018年

设计说明：选用崇明土布芦菲花纹样作为底布，将罗泾十字挑花绣和创新材料结合，设计装饰画和手包系列。手包配色清新淡雅，点缀米珠和水钻，散发时尚活力。挑花绣工艺上打破传统挑花采用一至两股线绣线，尝试三股和六股绣线相结合。用六股绣线制作上海市花白玉兰，用三股绣线制作蝴蝶、藤蔓、柏枝等。

高境布艺堆画

上海市宝山区第五批非物质文化遗产项目（2015年）

非遗分类：传统美术

保护单位：高境镇社区文化活动中心

布艺堆画是用布制作的画，前身是丝绫堆绣，工艺接近布贴画。高境布艺堆画具有独特的技法，例如贴绢、堆绫，贴绢是单层平贴，堆绫是立体的层层套叠。题材多以花鸟和人物等为主，层次分明，色彩鲜艳。宝山高境地区的布艺堆画和当地民风、民俗、民情紧密相联，如在儿童衣帽和鞋子上剪贴虎头、花卉和吉祥图案，凝聚了农村妇女的劳动智慧。

《追忆似水年华》观念摄影艺术挂画

策划：上海市公共艺术协同创新中心

作者：高境布艺堆画传承人周敏尔、设计师何然、摄影师汪弘枫

材质：布

设计说明：当代观念摄影作品与高境布艺堆画的创新结合，记录上海老城区的石库门建筑被拆迁改造的时代过程。立体鲜艳的各种布艺堆画制作的花卉，从黑白的即将被拆迁的老房子周围废墟上生长出来，表达城市生命力和对过去时光的怀念。

《润》高境布艺堆画蓝牙音箱

策划：上海市公共艺术协同创新中心

作者：高境布艺堆画传承人周敏尔、开物成务品牌

材质：织物、塑料

尺寸：长12.2厘米、高15.7厘米、厚4厘米

创作时间：2019年

设计说明:立体质感的高境布艺堆画展现牡丹的雍容华贵，成为音箱表面的装饰，让传统工艺融入家居电器产品。

土布染织技艺

上海市奉贤区第二批非物质文化遗产项目（2009年）
上海市青浦区第三批非物质文化遗产项目（2011年）
上海市金山区第五批非物质文化遗产项目（2015年）
上海市崇明区第五批非物质文化遗产项目（2015年）
上海市金山区第六批非物质文化遗产项目（2019年）
非遗分类：传统技艺
保护单位：奉贤区庄行镇社会事业服务中心、青浦区练塘镇文化体育服务中心、金山区吕巷镇文化体育服务中心、上海三民文化艺术中心、金山区金山工业区文化体育服务中心

土布又称斑布，是一种自然经济下“男耕女织”的棉纺织物，保暖透气性强，质朴厚重，是寻常百姓家最常见的布料，一般制作成服饰和家纺等用品。土布的历史可追溯至元代元贞年间。松江府乌泥泾人黄道婆改良棉纺织技术，提高了江南地区棉纺织业在整个纺织产业中的地位，至明代松江府成为江南乃至全国棉纺织业重地。在民国初期前，上海地区的土布为平纹织造技艺，具体可分为原色平纹织造技艺与色织平纹织造技艺；20世纪30年代后，由于纺织生产工具的演化，出现斜纹组织形式与提花棉织物。土布染织技艺流行于上海郊区及相邻江浙地区，上海有崇明区、金山区、奉贤区、青浦区、松江区等，是一种全棉手工纺织工艺，承载着江南地区的生活智慧和历史。从棉花种植到纺纱织布，需经过几十道工序，主要有纺纱、染纱、织造三个步骤。纺纱是将棉纤维纺为棉线，将脱籽后的棉纤维初步加捻为棉条，再通过纺车再次加捻为棉纱线。染纱是根据经纱色织、纬纱色织与提花等纺织需求，将纱线染为不同颜色。织造是将纱线上机，以经纬纱交织成布。

从全国范围来看，崇明土布纹样最为丰富多元，具有独特的江南韵味；主要以格纹为主，用纹样嵌套的方式，形成更为丰富多变的图案；大部分为蓝色调，有时搭配绿色、红色、黑色、玫红色、黄色等，在纵横经纬中形成丰富的格纹图案。崇明土布中最有代表性的是喜字布和皮球花，经常出现的是芦扉花、井字纹、猫脚纹、桂花纹、铜钱纹、秤星布、蚂蚁布等。目前土布染织技艺正在进行着有序传承和创新发展，例如应用于拼布等多种工艺，与竹木等多种材料结合，形成具有当代审美和功能的文创产品。

西装拼布系列

作者：冬野

创作时间：2022年9月

设计说明：松江布是民间的手织物，也是每个女孩的嫁妆，在700余年的历史传承中，纵横的经纬相互交错成了日复一日柴米油盐酱醋茶的生活日常。虔诚地裁剪出一块块正方形布片，用密集的棉线轻柔地缝合过去的时光，不同年代、不同面料、不同工艺在裁缝师傅的十指之间不断融合叠加，拥有了一股机车般的工业风与怀旧感，褴褛的朴素是时间的艺术，同时也是惜物的美学。

《土布新裁》海洋主题土布艺术雕塑

策划：李斗贤

作者：徐静怡、张莹莹

出品：斗贤文创

创作时间：2023年

设计说明：作品围绕海洋主题展开以上海地区手织土布为主要材料的艺术雕塑创作，同时结合了拼布与刺绣工艺。包括海龟、珊瑚、海葵、海螺、游鱼等海洋生物，获得都市青年群体的喜爱和关注。作品建立起上海土布和都市生活的连接。在提供审美的同时，其衍生的土布文创产品兼具实用性。作品获第二届“非遗新体验”国潮文创设计大赛“最佳作品奖”。

崇明土布文创系列

传统工艺：崇明土布、拼布技艺

品牌：木棉花开

产品：大背包、笔记本

设计说明：采用拼布工艺，结合不同深浅的土布，制作六角星形或立方体形的纹样，形成简约现代的土布文创系列。

《吉祥小龙》土布玩偶
设计制作：苏荣丽

《吉祥小蛇》土布玩偶
设计制作：柳玉成

《喜结连理》崇明土布旗袍
设计制作：服装设计师苗海燕、上海崇明土布传承人苏荣丽
传统工艺：崇明土布
创作时间：2019年

传统染织文件包
传统工艺：崇明土布、白族扎染
品牌：木棉花开

传统染织装饰花束
传统工艺：崇明土布、传统染色
设计制作：苏荣丽

中式服装盘扣制作技艺

上海市第二批非物质文化遗产项目（2009年）

非遗分类：传统技艺

保护单位：上海市徐汇区人民政府漕河泾街道办事处

盘扣又称盘结纽扣，是中式服装制作技艺中常见的造型元素。盘扣的完整形制出现于唐代，通常由一根绳子缠绕或编制而成，作为闭合服装开襟之用。

二十世纪二三十年代，在东西合璧的海派文化孕育中，海派旗袍应运而生，中式服装盘扣制作技艺也由此繁荣发展。琵琶扣、盘香扣、鸟与花卉、梅兰竹菊、龙凤呈祥、福禄寿喜等，为中式服装增添了风情万种。

盘扣制作讲究滑、顺、匀、准。“滑”为真丝面料手感滑爽；“顺”为开料遵循面料经纱走向；“匀”为袢条熨烫宽度均匀顺直；“准”为袢条在对折中精准服帖。由于盘扣制作造型结构丰富，在实用性功能之外，近年来逐渐形成具有装饰功能的文创盘扣产品。

上海龙凤中式服装有限公司

国家级非遗中式服装制作技艺（龙凤旗袍手工制作技艺）保护单位，近年来围绕创意盘扣展开品牌创意和产品研发，创作出一批具有当代审美的盘扣首饰和盘扣工艺美术装饰画。

葫芦盘扣挂坠

创作单位：上海龙凤中式服装有限公司

如意云纹盘扣书签

入选2019年上海优选特色伴手礼

创作单位：上海龙凤中式服装有限公司

竹子盘扣

创作单位：上海龙凤中式服装有限公司

《国粹》盘扣胸针

材质：真丝布料

创作时间：2022年

作者：盘扣制作技艺代表性传承人宋滔

设计说明：以国粹京剧生旦两种角色为元素，结合珠宝镶嵌技艺，形成具有时尚感的盘扣饰品。作品获2022首届“非遗新体验”国潮文创设计大赛“最佳作品奖”。

《吉兔》盘扣胸针

《大白兔奶糖》盘扣胸针

材质：真丝布料

创作时间：2023年

作者：盘扣制作技艺代表性传承人宋滔

《千里江山》盘扣饰品系列

作者：盘扣制作技艺代表性传承人宋滔

设计说明：手工盘制青绿色山峦，采用创新“俏色塞芯”技法，高度还原了深厚悠远的青绿色系。同时结合金银花丝技艺、串珠技艺和传统香道文化，展现非遗技艺之间的包容度和可塑性。作品获2024年第三届“非遗新体验”国潮文创设计大赛“最佳作品奖”。

《鹤舞龙华》盘扣胸针

材质：真丝布料

创作时间：2024年

作者：盘扣制作技艺代表性传承人宋滔

设计说明：上海龙华庙会是国家级民俗类非遗代表性项目，盘扣胸针是为庙会活动特别创作的。一只仙鹤飞翔于祥瑞之地龙华塔上空，龙华塔是木雕塔形香囊，带来吉祥富贵。

《上海玉兰》盘扣胸针

材质：真丝布料

创作时间：2024年

作者：盘扣制作技艺代表性传承人宋滔

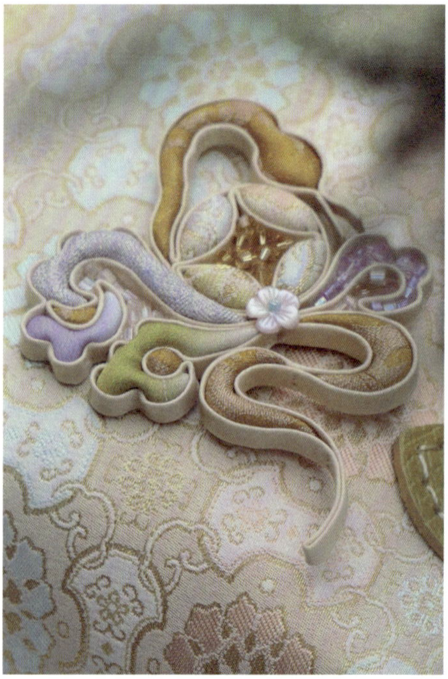

作者：味知树手工美学创始人章莉
产品：胸针、项链、压襟等

《乙巳·蛇转祥瑞》盘扣技艺衍生饰品

设计说明：以蛇、水波纹、铜钱纹、祥云纹等有机组合，表达“聚财纳宝”的美好寓意。或以中国民间传说《白蛇传》为主题，融合青蛇、白蛇、宝葫芦等元素，用宋锦作为填花面料，形成国风奢华质感的盘扣饰品。

《宝相花 · 亨通》盘扣技艺衍生饰品

设计说明：创作新款宝相花，周围嵌入四枚铜钱，寓意富贵生财。填花采用宋锦、罗等传统面料，中央配合冰透海蓝宝玛瑙，流苏选取玉石配件，典雅华贵。

《三多》盘扣技艺衍生饰品

设计说明：传统“三多”纹样为寿桃、佛手、石榴，寓意多寿、多福、多子，整体明艳大气，富有美感。

《千里江山》盘扣技艺衍生饰品

设计说明：取材于北宋王希孟的《千里江山图》，通过层叠的山峦和祥云等元素，在小小盘扣中再现传世国宝的神韵。搭配和田玉雕刻的雄鹰配饰，展现中式美学的深远意境。

珐琅器制作技艺

上海市第六批非物质文化遗产项目（2019年）

非遗分类：传统技艺

保护单位：上海老凤祥珐琅艺术有限公司

第二批中华老字号品牌

品牌：老凤祥

西方的金银胎珐琅器在元代传入中国，经过七百余年发展，演变为中国的传统珐琅工艺，曾是帝王皇家尊享的工艺。从元代的掐丝珐琅到明代的景泰蓝，再到清代的画珐琅，每个阶段都有独特的风格和制作方法。

珐琅技艺是一种装饰艺术，结合了玻璃工艺和金属工艺，在金属表面附着一层或多层经过粉碎研磨的珐琅釉料，经过高温烧制，形成坚硬而色彩鲜艳的玻璃质表面。传统珐琅器主要有器皿和装饰品等，现代珐琅工艺被应用到壁画、雕塑、时尚配饰等多个领域，展现传统工艺与现代设计的融合。

老凤祥擅长的海派金银胎珐琅器制作，强调设计感和艺术性，其层次丰富，色彩细腻，制作流程包括冶铸、锤揲、抬压、錾刻、掐丝、焊接、烧兰、画琅、实镶等，是中国现代珐琅工艺的重要代表之一。

上海老凤祥有限公司

老凤祥是中华老字号，创始于清道光年间，拥有金银细工制作技艺和珐琅器制作技艺两项非遗代表性项目。产品有金银饰品、翠钻珠宝、器皿摆件、镀金珐琅、微型建筑等，是海派文化的重要代表。近年来公司不断创新，将传统技艺与现代科技相结合，引入3D打印技术制作复杂造型，推出“藏宝金”高端工艺品，与米哈游等品牌联名合作，打开年轻人市场。

《春满》海派银透明掐丝珐琅碗

品牌：老凤祥

设计说明：透明珐琅如流水光泽，以东方柔美线条表达传统莲理纹，在简约碗形上描绘春色满福的美好景色，体现海派文化的浪漫精致。春取自《尔雅·释天》，“春为青阳”；满取自《正义》，“满以器喻，故为盈实”。金碗寓意迎春满福。

海派珐琅胸针系列

品牌：老凤祥

设计说明：采用925银和珐琅技艺，制作凤鸟和花卉海派胸针系列。凤鸟生动写实、翩翩起舞，翅膀的透明珐琅具有灵动感。

香囊制作技艺

上海市第五批非物质文化遗产项目（2015年）

非遗分类：传统技艺

香囊又名香袋、花囊，也叫荷包，以丝绸或布帛制成，以各色彩线刺绣为饰，色彩绚丽，有装饰衣着和把玩欣赏的功能。佩戴香囊的习俗，可上溯到先秦时期。唐宋时期，香囊是男女皆佩挂的饰物，囊中香料从一般的香草发展为檀香和沉香等。明清时期，香囊还作为青年男女间的信物。

上海地处江南，气候温和湿润，多有温病流行。香囊内填各种配方的中草药，具有祛湿祛毒、防虫留香、调养生息的功效。端午节喝雄黄酒、佩戴香囊的习俗一直流传至今。

香囊制作技艺是以中国传统医学理论为核心，采用纯中药配方制作香囊的传统手工技艺。主要工序有裁布料、定造型、刺绣、彩绘、加填充、磨粗粉、研细粉、填香料、缝香囊、穿囊穗等。造型图案多以自然界的花卉、昆虫、动物为主，工艺精致，寓意吉祥，具有极高的民俗价值。如今香囊的外观设计与时俱进，符合现代人的审美需求，应用于家居装饰、手机配饰、箱包挂件等。

《世纪之门》香囊

作者：陈杏芝、郑会雄

材质：布料、各色彩线、中药粉末

虎头虎脑香囊钥匙扣

出品：上海雷允上药业西区有限公司

时间：2022年

祥龙香囊靠垫

出品：上海雷允上药业西区有限公司

时间：2024年

小雅嘉景香囊

出品：上海雷允上药业西区有限公司

好事发生挂坠香囊

出品：上海雷允上药业西区有限公司

设计说明：柿子寓意“事事如意”，花生寓意“好事发生”，充满吉祥寓意的香囊。

《“蛇”么都很棒》创意香囊

出品：上海雷允上药业西区有限公司

时间：2025年

设计说明：蛇年春节推出的“棒棒糖式”创意香囊成为明星款文创产品。

莲开心香沉香礼盒

香意香韵香珠挂件

出品：上海雷允上药业西区有限公司

徐行草编

第二批国家级非物质文化遗产项目（2008年）

入选国家传统工艺振兴名录项目（2018年）

非遗分类：传统美术

保护单位：上海徐行草编编织专业合作社

草编是中国古老的编织技艺，早在唐代就有徐行草编的记载。上海市嘉定区徐行镇是典型的江南水乡，植被丰富，是黄草种植编织的发源地，被称为“黄草之乡”，流传着“草编仙子”的传说。徐行草编以黄草为原料，编织成轻巧耐用、自然环保的生活用品，如拖鞋、收纳篮、草包、草帽等。编织的图案丰富，色彩多样，常见的有龙凤纹、牡丹纹、双喜纹等，表达人们对美好生活的憧憬。

徐行草编技艺包括去芫、开劈、染色、搓绞、选模具、编织等多道工序。晒干的黄草茎杆需要去除顶部的花芫，开劈成2～4毫米细杆。根据编织需求，原材料需要染色、漂洗、晒干等，同时通过搓绞增加黄草的韧度和牢固度。编织时需要选择相应的模具，编织方法一般包括起底、装模、编面、结口、缝边、装配件等。

20世纪70至80年代，徐行地区家家户户基本上都会草编。草编产品曾远销日本、美国、欧洲等50多个国家和地区。随着社会发展和工业生产冲击，90年代末当地黄草编织产业逐渐消退。目前徐行镇政府正积极推动草编助力乡村振兴，带动文旅融合，建设“2园+1中心+1合作社+1企业”平台。同时注重挖掘和传承其深厚的文化价值，研发“草编仙子”IP形象，创作歌曲、舞蹈、音乐剧，创作城市雕塑，开发美育课程等。

徐行草编传承人秉承守正创新的原则，一方面不断提升编织技艺，改良颜色和材料；另一方面满足时代发展需要，让传统融入现代生活，从编织技法、产品类型、创作形式、产品主题、品牌跨界等方面不断创新。在编织技法上，从传统平面类设计转向立体编织，如草编台灯、花瓶等。在产品类型上，开发现代草编装饰和家居类系列产品，如草编装饰画、创意家居玄关等。在创作形式上，探索草编和其他非遗项目的结合，如结合彝绣、药斑布等进行研发。在产品主题上，结合时事创作新作品，用草编作品来讲故事，如编织嘉兴红船和一大会址建筑。在品牌跨界上，徐行草编与野兽派合作研发传播，有效增加青年群体的关注。

草编拖鞋系列

作者：徐行草编传承人王勤等

设计说明：拖鞋是徐行草编最典型的传统工艺产品，透气性好，轻巧耐用。拖鞋面上的装饰图案具有不同的吉祥寓意。双喜字和龙凤代表婚姻美满，梅花代表坚韧勇敢等。

草编生活日用系列

产品：花瓶、糖果罐、手包、笔筒、锅垫、杯垫、收纳盒、装饰画等

作者：徐行草编传承人王勤

材质：黄草

草编手包系列

作者：徐行草编传承人计学成、王勤

材质：黄草

设计说明：在传统草编手包上，编织形成各种装饰纹样，如梅花纹、回字纹、双龙戏珠图案等，编织方法有蜂眼编、米字编、波浪花编等。

与皮具结合的草编背包系列

作者：徐行草编传承人王勤、上海艺术品博物馆设计师

材料：牛皮、黄草、竹把手

创作时间：2018年

设计说明：黄草与皮具相结合，自然清新又时尚摩登，让黄草编织更好地融入都市生活。

草编龙凤果盘

作者：徐行草编传承人王勤等

材质：黄草、竹

尺寸：长32厘米、宽20厘米、高6厘米

设计说明：作品将草编与竹编相结合，底座骨架采用竹编，表面采用草编。龙凤呈祥图案精美生动，寓意吉祥喜庆。

《太极》草编女士圆包系列

作者：徐行草编传承人王勤、设计师何然

材质：黄草、牛皮

创作时间：2017年

设计说明：用两种颜色的黄草编织成太极圆形图案，或者随机编织形成自然交错的圆形图案，色彩自然，造型和谐，颇受欢迎。

《梅花》草编生活日用系列

作者：徐行草编传承人王勤、辛丽华、高惠英

单位：上海徐行草编文化发展有限公司

产品：台灯、收纳篮、花瓶、背包、糖果罐、糖果盘、装饰画等

设计说明：采用立体梅花和平面梅花的编织方式展开创意，草编充分体现自然环保的当代生活理念，象征坚韧不拔的美好寓意。

《双喜》草编生活日用系列

作者：徐行草编传承人王勤、辛丽华、高惠英

单位：上海徐行草编文化发展有限公司

产品：糖果罐、糖果盘

嘉定竹刻

第一批国家级非物质文化遗产项目（2006年）

非遗分类：传统美术

保护单位：上海市嘉定区竹刻协会

嘉定竹刻是以刀为工具，以竹为载体，雕刻书画诗文印的传统工艺，有浅刻、深刻、薄地阳文、浅浮雕、深浮雕、透雕、圆刻等十余种雕刻技法，讲究文人雅趣和禅意哲思。

嘉定竹刻与江南文人密不可分，为明代正德和嘉靖年间（1506-1566）的朱鹤所创，主要在嘉定区传承。自明代中叶“嘉定三朱”开创独特艺术风格之后声名远播，具有很高的雅玩性和艺术性。清末民初，作品从文人书斋走向商品市场，样式趋向实用，雕刻技法也随时代流变，由透雕深刻逐渐趋向浮雕浅刻。到20世纪50年代，嘉定竹刻的传承获得了多方支持，继续传承着历史。

2005年嘉定区竹刻协会成立，展开竹刻的研究、创作、交流、培训等传承工作，促进嘉定竹刻在新时代得到更好的弘扬发展，在保存其文人艺术价值的同时，积极开拓，多元实践，融入当代生活。

《梅兰竹菊》留青竹刻手包

作者：竹刻传承人王顺建、蔡天树，设计师何然

策划：上海市公共艺术协同创新中心

材质：竹、皮、银

创作时间：2017年

设计说明：采用嘉定留青竹刻技艺，完成梅兰竹菊四款圆形竹刻作品，作为黑色手包的包扣，简约雅致，搭配黑色流苏，形成时尚又具文人气息的当代手包。

上海民族乐器制作技艺

第三批国家级非物质文化遗产项目（2011年）

国家传统工艺振兴名录项目（2018年）

第二批中华老字号品牌（2011年）

非遗分类：传统技艺

保护单位：上海民族乐器一厂有限公司

品牌：敦煌

上海民族乐器制作技艺的历史可追溯到清代乾隆、嘉庆年间，至今已有200多年，主要包括古筝、琵琶、二胡等乐器的制作。制作流程主要包括选材、制作琴体、上弦、调音等，体现工匠的精湛技艺和对音质的严格要求。在制作上融入历史、色彩、美学等元素，结合雕刻、彩绘、镶嵌等多种工艺手法，具有突出的文化和艺术价值。

1843年上海开埠后，城市空间与内涵快速转变并扩展。作为当时中西文化交流最为活跃的地区，上海拥有一批乐器作坊和活动频繁的国乐社团，形成民族乐器制作技艺传承与发展的新场域。音乐艺术活动的兴盛，也带动了国乐社团的发展，促使上海民族乐器制作技艺的传承创新，推广民乐的普及发展。近代上海经济文化的城市功能吸引着新新人类集聚，音乐文化的消费市场也带动了民族乐器制作技艺的发展。如今在文化自信、科技发展、非遗传承的社会大背景下，上海民族乐器制作技艺正走出高质量发展的新道路。

上海民族乐器一厂有限公司

中国民族乐器制造行业的领军企业，旗下有中华老字号“敦煌牌”，主要生产古筝、琵琶、二胡、柳琴、扬琴、月琴、阮、笛、箫等民族乐器，在乐器外观设计上融入绢画、漆器、雕刻、珐琅镶嵌、刺绣等多种传统工艺，链接各类社会资源，让民族乐器不仅体现中华声音之美，更展现中华工艺之美，融合推动民族乐器的创造性转化和创新性发展。

《敦煌飞天》福袋

材质：丝绸、刺绣

创作时间：2020年

设计说明：福袋中包含胶带、古筝扳手、指甲板、防尘罩、手袋。以红、黄、蓝、绿四色为主色调，将敦煌壁画中飞天造型运用刺绣工艺展现在丝绸面料之上。

《东西物语》民乐系列

乐器产品：古筝、琵琶、二胡、中阮、月琴、笛

创作时间：2021年

设计说明：与纽约大都会艺术博物馆和上海博物馆跨界合作，推出联名款系列乐器。用漆画工艺展现来自纽约大都会艺术博物馆馆藏的《鸢尾花》局部，以及上海博物馆馆藏《草书上虞帖卷》中王羲之“今在上虞”书法字，蕴含东方神韵和时尚气息。

周虎臣毛笔制作技艺

毛笔制作技艺（周虎臣毛笔制作技艺）

第三批国家级非物质文化遗产项目（2011年）

国家传统工艺振兴名录项目（2018年）

第二批中华老字号品牌（2020年）

非遗分类：传统技艺（国家级）

保护单位：上海周虎臣曹素功笔墨有限公司

品牌：周虎臣

周虎臣毛笔制作技艺兼收湘笔和湖笔的传统制作技艺精髓，讲究用料与做工，融通海派文化精神，成为独树一帜的海派制笔技艺。制作工序严谨细致，有水盆、装套、修笔、刻字等数道大工序及上百道小环节，被书法家赞誉"入木三分传笔阵，良工四美誉书林"。

周虎臣笔业源自临川，创业苏州，迁徙上海，绵延320余年，已传承十几代，在汲取海派文化的养分和适应海派书画的需求中不断探索创新。1958年先后合并上海十多家著名笔墨庄，成立老周虎臣笔墨庄。1987年成立上海老周虎臣笔厂，与扬州20多家毛笔乡镇企业联营，传授其毛笔制作技艺，一直延续至今。

近年来，周虎臣制笔技艺不断传承创新，推出书画家使用的"传统名笔""名人名笔"，以及面向书画爱好者的"名帖名笔""名技名笔"系列。此外，周虎臣积极开发文创产品，根据市场需求开发笔墨文房系列和礼品定制，如《兰亭雅趣》文房套装等，并探索跨界合作推出新品，与天猫和小米有品等合作推出新品。

上海周虎臣曹素功笔墨有限公司

由老周虎臣笔厂和徽歙曹素功墨厂合并组成，拥有"周虎臣笔庄"和"曹素功墨庄"两个老字号品牌。公司目前是中国文房四宝行业领军企业，毛笔销售全国第一，墨汁第二，墨锭第三。1996到2008年，新世界集团将曹素功和周虎臣合并，成立上海新世界笔墨公司。2008年筹建上海笔墨博物馆。2014年文化部授予国家级生产性保护示范基地。2023年建立"笔墨宫坊"，打造生产与旅游、科研、文博、文创相结合的复合空间。

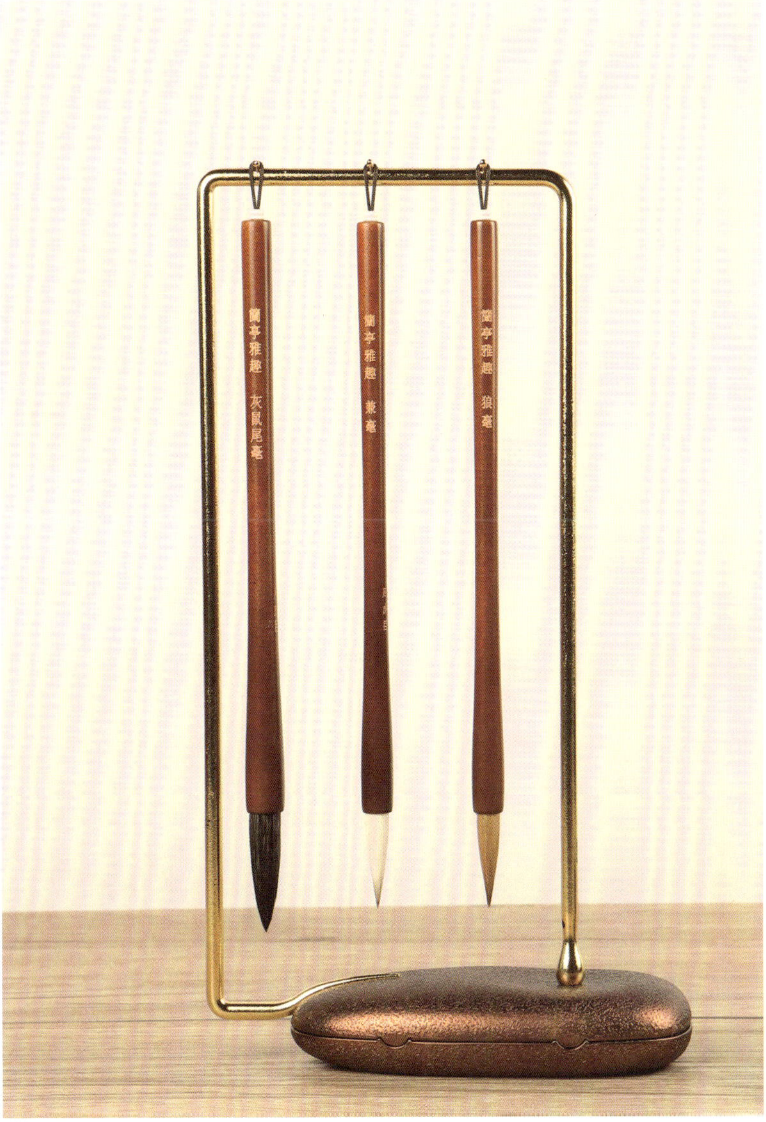

《兰亭雅趣》文房套装

品牌：周虎臣

时间：2019年

尺寸：高40厘米、宽25厘米、厚10厘米

设计说明：多功能金属笔架下部打开为砚台，搭配兼毫、狼毫、灰鼠尾毫三款毛笔。兼毫笔笔锋顺滑，适合行书和草书；狼毫笔笔锋秀丽，适合楷书和行书；灰鼠尾毫笔笔锋挺拔硬朗，适合隶书和楷书。由周虎臣第11代传承人吴庆春团队合作研发。笔身选取长白山天然桦木，握感温润。经历14道纯手工流程和72道工序制作完成。

曹素功墨锭制作技艺

徽墨制作技艺（曹素功墨锭制作技艺）

第三批国家级非物质文化遗产项目（2011年）

国家传统工艺振兴名录项目（2018年）

第二批中华老字号品牌（2020年）

非遗分类：传统技艺

保护单位：上海周虎臣曹素功笔墨有限公司

品牌：曹素功

曹素功墨业始于清康熙年间，结合实用性与观赏性的方式制墨，既高雅又实用，制墨求精不求多。制墨有数十道工序，讲究选料严、配料精、和胶匀、捣杵透、搓汰细、压模准、脱模平、翻晾勤，尤以“轻胶万杵”著称。曹素功墨锭制作技艺具有“徽墨”和“御墨”的特征，烟细、胶轻、质坚、墨香。曹素功与海派书画名家合作，题材与时俱进，不断提升墨锭文化内涵与市场价值，在海派书画需求下相交融合，研发出兼容并蓄的“海派徽墨”。随着时代发展，曹素功形成了“定版墨”“仿古墨”“创新墨”，持续至今。

墨锭可分为观赏墨和实用墨。观赏墨图像题材丰富，雕刻精美细致，如仿古墨、集锦墨等，其观赏价值远超实用价值。实用墨主要用于书法和绘画，分为黑色、彩色、医药三类。黑色墨分为油烟墨、松烟墨、碳黑墨三种。彩色墨分为朱砂墨、五彩墨。

《建党一百周年》纪念墨

品牌：曹素功、米福星

时间：2021年

设计说明：设计精致小巧的四锭墨，从“金沙江”“井冈山”“延安”“韶山”四方景色，汇聚成一条红色之路。邀请从事微雕技艺的张海雷为墨模雕刻图案，是传统文化与现代艺术的创新设计实践。

《世博纪念墨》上海世博主题纪念套墨

品牌：曹素功

尺寸：长18厘米、宽15厘米、厚2.5厘米

时间：2010年

设计说明：一套四锭，墨面由当代书法家高式熊、张森、王冬龄、许思豪合作完成，以篆、隶、草、行四体书写，展现“理解、沟通、欢聚、合作”的世博精神。

《兰亭雅集》文房四宝套装

尺寸：长41厘米、宽23厘米、高7厘米

设计说明：与小米有品合作推出，套装有周虎臣毛笔2支、曹素功101油烟墨1块、宣纸20张、歙砚1块、澳洲纯羊毛书画毡1块。由制笔非遗传承人佘其春和吴庆春、制砚非遗传承人汪顺清、上海墨厂非遗传承人徐明，共同设计和监制。

《高情远致》文房四宝套装

设计说明：套装文人气息浓厚，经典文雅，包括周虎臣兰亭风韵毛笔2支、曹素功苍松万古墨锭2块、春和景明宣纸1叠、墨海腾云歙砚1个。

木版水印技艺

第二批国家级非物质文化遗产项目（2008年）

入选国家传统工艺振兴名录项目（2018年）

非遗分类：传统技艺

保护单位：上海朵云轩集团有限公司

第二批中华老字号品牌

品牌：朵云轩

木版水印技艺（朵云轩木版水印技艺）发端于雕版印刷与饾版套色印刷技艺，是木版雕版彩色印刷术的技艺巅峰，具有精细入微的彩色再现和表现力，在中国书画复制、古籍善本再造、传统水印笺纸制作、水印版画语言的实践探索等方面，发挥着重要作用。

技艺流程包括勾描、雕版、水印三道工序。勾描是根据原作的笔触、设色分组分版勾描在雁皮纸上；雕版是将刻稿反贴于木板上，运用各种刀法精雕细镂刻制成不同形态的“短版”或“拱花版”；水印是将墨和颜色掸刷在已刻好的木版上，按次序把所有的分版套印在宣纸或画绢上。

朵云轩源于清末书画市场的需求而生，新中国成立前以制作诗笺和小品为主。新中国成立后其复制中国传统绘画艺术的水平突飞猛进，达到笔法与气韵形神兼具、难辨真假的境界。当前朵云轩以高超的技艺和丰富的中国画馆藏作品，吸引了很多品牌机构进行跨界合作，包括上海图书馆、苏州博物馆、功德林、野兽派等， 形成一系列具有江南文人气息的木版水印IP文创产品。

《西厢记》文创套装

品牌：朵云轩、苏州博物馆

产品：丝绸鼠标垫、文件夹、书签、笔记本

创作时间：2019年

设计说明：1990年10月，朵云轩以木版水印传统技艺印成《明刻套色〈西厢记〉图册》，历时三年，重现明刻套色《西厢记》图册的神采。2019年，苏州博物馆联合朵云轩推出《西厢记》联名文创套装，以实用巧物为载体，展示爱情主题《西厢记》之美。

《福寿双全·美美与共》限量艺术月饼礼盒

品牌：朵云轩、功德林

创作时间：2019年

设计说明：来自木版水印技艺和素食制作技艺这两项国家级非遗代表性项目。月饼盒盖上的“福”与“寿”字，来自朵云轩木版水印“弘一法师李叔同书法”，具有魏碑的沉稳和楷书的平正，生发出柔中带刚的宁静。

《生命之木》野兽派香氛系列

推出时间：2023年

传统工艺：潮州木雕

跨界说明：邀请潮州木雕非遗传承人陈嘉正及其家人，共同定制潮州木雕香氛器物，镂空木雕以海浪、螃蟹、鱼篓等为主体，栩栩如生，生动鲜活。

上海書展藏書票
EXLIBRIS

朵雲軒藏書票 EX-LIBRIS

EX-LIBRIS

马年藏书票
牛年藏书票
猪年藏书票
鼠年藏书票
猴年藏书票
朵云轩雕印出版

金山农民画

农民画（金山农民画）

上海市第一批非物质文化遗产项目（2007年）

非遗分类：传统美术

保护单位：上海市金山农民画院

金山农民画是从田野乡村中产生的艺术形式，外拙内巧，质朴纯真，充满乡土气息。创作主体大多为农村女性，她们画生活，题材以田园劳作、节庆习俗、江南水乡等为主，画面中常能见到剪纸、刺绣、蓝印花布、灶头壁画等。作品构图饱满、色彩鲜明、对比强烈，江南风俗情趣浓郁，展现了劳动人民丰富多彩的精神世界。近年来金山农民画积极探索创新题材，从幸福小康生活到乡村生态环保等，展现了新时代新气象。

与此同时，由于农民画与乡村振兴主题紧密联系，富有表现力和装饰性，因此农民画的文创产品不断涌现。以文旅融合为背景，农民画与乡村环境空间的公共艺术、公共设施、民宿空间等有机结合，形成最美乡村风景线。

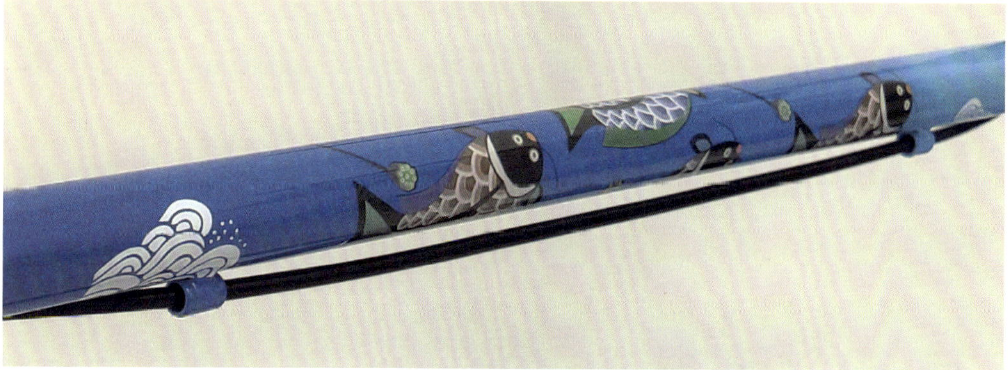

《鱼戏莲》金山农民画自行车

品牌：凤凰

策划：章莉莉

创作时间：2018年

设计说明：提炼金山农民画《鱼戏莲》的鲤鱼图形，应用在海蓝色的自行车杆上，让骑行如鱼得水，乘风破浪。农民画与凤凰自行车融合跨界，民族品牌更显时代风貌。

《满载而归》茶具套装

来源于农民画家王阿妮创作的《满载而归》。

来源：上海原艺金山农民画有限公司

《喜音频传》靠枕

来源于农民画家陈惠芳创作的《喜音频传》。

来源：上海原艺金山农民画有限公司

帛画

上海市第五批非物质文化遗产项目（2015年）

非遗分类：传统美术

保护单位：上海穆益林帛画艺术馆

帛画被称为中国画的起源，有着近4000年历史，是中国艺术中历史最悠久的艺术形式，指在罗、纺、纨、绫、绉、纱、绸、缎、纱等未经染色、提花、织绣的素色丝织物上的绘画。古代帛画遍布各地，记录了悠久灿烂的中华文明，在湖南、河南、山东、新疆、青海等地考古中都有发现，如马王堆汉墓T型帛画、长沙楚汉帛画等。自商代至西晋的近2000年里，帛画是中国画的唯一画种。宋代之后，宣纸水墨绘画形式逐渐成为主导，绢帛绘画逐渐变为宣纸水墨画的辅助形式。清代后期至改革开放时期，帛画进一步衰落乃至式微。

兼容并蓄的海派文化孕育了现代帛画。上海市非遗传承人穆益林致力于帛画的传承与研究，在冯超然和郑慕康的技艺基础上，不断探索重彩帛画的技法和表现，汲取中外艺术之美，大胆创新，形成色彩饱满、古韵生动的现代帛画佳作。近年来，上海穆益林帛画艺术馆与相关合作单位共同研发一系列文创产品，将帛画应用于旗袍、披肩、装饰画、雨伞等服饰和家居产品，让生活艺术化，让艺术生活化。

《赏秋》手工旗袍

来源：《天涯客·赏秋》帛画

材质：桑蚕丝

作者：黄健、穆益林

创作时间：2015年

设计说明：旗袍图案来自穆益林帛画《天涯客·赏秋》，描绘了一群丹顶鹤在红枫林里赏秋时起舞高歌。深圳皆一堂创始人黄健为帛画特别创作手工旗袍，采用分片印制和整体缝合，做到领肩胸及前后片无缝衔接。

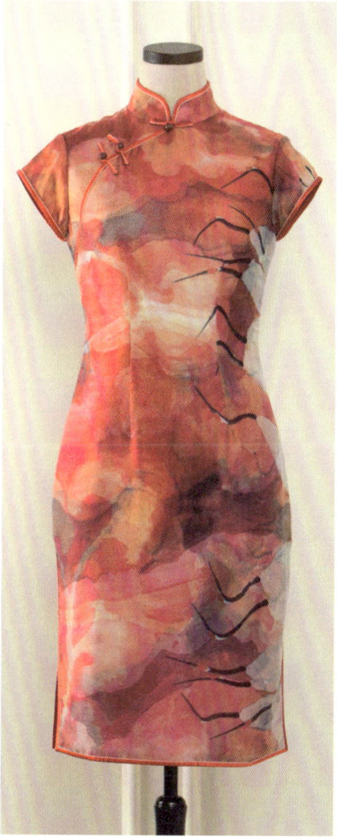

《同舞》祥瑞系列帛伞

来源：《天涯客·立春》帛画

尺寸：直径100厘米

材质：桑蚕丝

作者：穆昉昀、穆益林

创作时间：2015年

设计说明：帛伞外部设计祥云纹，夜间灯光照射会产生强烈反光，增加可视度，保证夜行安全。帛伞内部画面来自穆益林帛画《天涯客·立春》中的丹顶鹤，让人们在雨天行走感受诗意美学。帛伞结构上具有避雷功能，保证出行安全。

琉璃烧制技艺

上海市第六批非物质文化遗产项目（2019年）

非遗分类：传统美术

保护单位：黄浦区上海琉璃艺术博物馆、奉贤区上海大伦实业有限公司

琉璃又称“瑠璃”，是用琉璃石和琉璃母为原料，在高温下烧制而成的工艺品。其质地晶莹剔透，色彩丰富多变，曾被视为皇家用品。琉璃烧制技艺有数十道工序，大致包括原型雕塑、失蜡制模、成型烧制、雕琢四个流程，每个流程均由四至五道工序组成。上海琉璃烧制技艺延续汉代失蜡铸模琉璃铸造技法，在继承传统技法的基础上形成兼容并蓄、精致典雅的海派风格。

《乾元》紫砂琉璃茶具套装

材质：琉璃、紫砂

作者：宜兴紫砂陶技艺传承人王志刚、玻璃艺术家郑珊珊

设计说明：以传统井栏款造型为本，用紫砂和琉璃进行材料搭配创新，玻璃的明慧和紫砂的浑厚形成有趣的材质呼应。壶身的流、钮、柄处镶嵌琉璃；茶杯的手把和茶托的侧角镶嵌琉璃。

《清水玲珑》琉璃木椅系列

材质：琉璃、红木

作者：琉璃烧制技艺传承人包浩乾、周旭飞；上海设计师郑珊珊

创作时间：2019年

设计说明：花梨木官帽椅的稳重方正，与琉璃椅背的清明通透，形成有趣的搭配，适合炎炎夏日里倚坐阅读。椅背琉璃是书卷形态，适应人体背部弧度起伏，并用失蜡法雕铸云纹浮雕。

传统香道制作技艺

上海市虹口区第五批非物质文化遗产项目（2018年）

非遗分类：传统技艺

保护单位：上海芸郁实业有限公司（芸香堂）

传统香道制作技艺是采用天然草木、动物类香氛物质材料，通过炮制、配伍、窖藏等工艺，辅助用炼蜜、碳粉、粘粉等材料，制作各种香氛制品。香品按形状有线香、盘香、炼香、塔香、香牌、印香、涂香、香囊、香珠、香汤、香膏等；按香料性质有单方香、合香、药香等。熏香起源于远古，成形于汉代，鼎盛于唐宋，广传于明清。在中国传统生活中，香道具有祭祀修炼、避疫驱虫、养生去病等功能。

传统香道制作技艺源于河南嵩山少林寺的药学和香学，迄今有800年历史。最初以寺内众僧及周边百姓诊断治疗为主要事务，至民国已有相当规模的中国传统熏香香方和制香技艺。芸香堂主要创始人、传统香道与制作技艺传承人高晴早年在少林寺药局研习香药学，后将技艺传到上海，其颇受欢迎并逐渐流传扩散。

《一鼓作气》端午节礼盒

非遗项目：传统香道制作技艺、镶嵌技艺

材质：紫光檀、黄铜、黄杨木等

尺寸：长30厘米、宽21厘米、高6厘米

创作时间：2024年

设计说明：端午素有赛龙舟和焚香等习俗，具有避疫祛邪防虫等功效。礼盒气息沉静典雅，内有紫光檀和黄杨木制作的鼓形香托、龙舟香插、艾草香筒和香针，采用镶嵌技艺形成祥云装饰纹样。

《五脏系列》中药线香

非遗技艺：中药炮制技艺、传统香制作技艺

策划设计：高晴、陈抒昊、徐林

创作时间：2022年

设计说明：结合中药炮制和传统制香研发药香，融入河图洛书元素，将五行、五香、五色、五脏对应起来进行策划设计。获首届“非遗新体验”国潮文创设计大赛“最具潜力作品奖”。

海派家具制作技艺

上海市第五批非物质文化遗产项目（2015年）

非遗分类：传统技艺

保护单位：上海亚振家具有限公司

海派家具俗称上海老家具，特指在1843年后到1949年间上海出现和生产的西式、中西合璧式家具，既注重实用性，又强调装饰性。海派家具制作技艺在保留中国明式、苏作等传统家具制作工艺的基础上，吸收西方家具设计理念、制作工艺，形成中西合璧的独特风格。主要工序包括创意设计、木材处理、配料、部件加工、白坯组配、涂饰、表面装饰、软包、成品组装。核心技艺为海派设计、双包镶制板、海派雕刻、薄木镶拼、涂饰、软包等。

《君兰椅》

材质：木材、水性漆

创作时间：2022年

设计说明：以中国传统明式家具的圈椅为灵感，表达“君子谦谦，温和有礼”东方哲思和人文精神。获首届“非遗新体验”国潮文创设计大赛“最佳作品奖”。

上海黄酒传统酿造技艺

上海市第一批非物质文化遗产项目（2007年）

非遗分类：传统技艺

保护单位：上海石库门酿酒有限公司

黄酒是中国最古老的发酵酒之一，以糯米为原料经曲种二次发酵而成，酒体色泽蜜黄清亮，香气浓郁，酒体甘醇，营养丰富，增进食欲，还可用于烹饪调味和药引。黄酒酿造要在低温下进行，一般从立冬开始，持续到下一年立春结束，以陶缸和陶坛为发酵容器，以酒药作为糖化剂。制作方法以稻米、黍米、玉米、小米、小麦等为主要原料，通过蒸煮、加酒曲、糖化、发酵、压榨、过滤、煎酒、贮存、勾兑等工序酿制。

《和韵昆曲》黄酒

非遗项目：上海黄酒传统酿造技艺、昆曲

品牌：和酒

创作时间：2022年

设计说明：以“和韵昆曲，酒酝悠长”为主题，采用昆曲生、旦、净、末、丑等经典角色，结合祥云、锦鲤、仙鹤、蟠桃、神龙等符号，展现中国喝酒听戏的文化意蕴。获首届“非遗新体验”国潮文创设计大赛“最具潜力作品奖”。

和韵昆曲
酒酝悠长
和酒

和酒
和韵昆曲 酒酝悠长
HEJIU KUNQU LIQUOR IS
BREWING FOR A LONG TIME
Jinfeng Wine
金枫酒业
饮酒有度，健康无价。和酒昆曲系列黄酒 酒精度:15.0%vol

第三章
上海设计助力非遗传承

诞生于上海设计之都的非遗文创

上海这座国际化大都市具有东西方融合的鲜明文化特征，西方文化介入本土文化，形成了海派文化的基本特征。上海在不同时代中，吸纳着新思想、新文化、新审美。当前，连接传统和当代，连接东方与西方，是上海发挥世界“设计之都”创造力的最佳角色定位。诞生于上海的非遗文创设计力量，根据组成群体的特征，主要分为设计师创立的非遗文创品牌和工作室、助力非遗传承的上海高校设计专业师生、介入非遗跨界的上海品牌企业。

一、诞生于上海的非遗文创品牌和工作室

2009年，中国有25个项目入选联合国教科文组织非遗名录，自此中国成为世界上入选项目最多的国家，很大程度上激发了中国社会各界对非遗保护的热情和责任感。2010年，国务院办公厅印发了《关于金融支持文化产业振兴和发展繁荣的指导意见》，标志着文化体制改革迈出坚实步伐，文化事业与文化产业“两轮驱动”。21世纪10年代初期，随着中国经济实力和全球影响力的增强，社会开始掀起国学热，人们的观念和意识发生了深刻变革，这是一个文化产业快速发展、文化自信逐步提升的时期。

这段时期的上海，文化产业得到迅速发展，诞生了一批以传统工艺为核心、强调东方生活美学的文化创意品牌。最具标志性的是2010年蒋琼耳女士和法国爱马仕集团共同创立了“上下”东方品牌，开启了中国传统手工艺进入国际奢侈品的当代消费领域。同年珐琅制作技艺世家出身的施君创立了“传世珐琅”品牌，服装设计师杨凤蕊创立了“荷木”品牌，靳英丽女士创立了“穆驰”品牌，宋连生创立了“子曰服饰”品牌。在此之前的2008年，设计师薄向伟创立了“匠艺”品牌，设计师卢志刚创立了“米丈堂”品牌。2012年，法国留学归来的设计师何然创立了以时尚皮具为主的“偶遇”品牌，郭秀玲女士创立了以牛羊绒为主的“沙涓”品牌。2015年，设计师杨明洁创立了“羊舍”品牌，设计师林栋创立了“竹矣”品牌等。

此外，一批以非遗项目为核心竞争力的设计工作室、手工艺工作室正在茁壮成长。虽然这些以设计师和手艺人创立的工作室具有一定的流动性和不稳定性，但是这些年轻人群体通过创意市集、展览活动等不断拓展，形成了上海最具活力的传统工艺原创力量。上海创意手工市集有鹦鹉螺市集、玩物丧志集、凡几等品牌，为手工从业者提供了很好的交流空间和文

艺氛围。近期苏州著名的本色市集等，为手工艺从业者群体创造了更为完整系统的交流平台。

2015年起，上海国际手造博览会进入公众视野，为非遗融入现代生活提供了良好的平台。博览会由上海市公共艺术协同创新中心、上海手造街信息技术有限公司、上海设计师协会联合主办，采用高校牵手企业、协会的方式，积极推进高校知识服务社会的实践活动。目前博览会已举办了七届，在上海获得了很大的社会影响力，形成“非遗创新设计”“海派非遗”“非遗研培高校”等板块，为非遗传承人和城市手工从业者提供了展示和销售的大平台。2015年博览会获得上海公共文化创新服务项目，2019年成为上海市政府发布的《上海传统工艺振兴计划》中提及的非遗品牌博览会，2020年成为文化和旅游部非遗司《“十四五”非遗保护规划》中有影响力的传统工艺品牌活动。

从总体上讲，在当前文化消费升级的社会大环境下，近十年来上海城市生活氛围孕育了一大批设计品牌。新中式生活美学、东方生活美学、民族手工艺生活美学的基本特质是他们的特征，不断助推“国潮热”“非遗热”“传统文化热”的新时代文化消费浪潮。

上下品牌

上下品牌（SHANGXIA），由蒋琼耳女士和法国爱马仕（Hermès）集团于2010年共同创立的东方品牌。品牌代表中国古往今来所追求的东方哲学，涵盖传统与现代、东方与西方、人与自然，诠释均衡之美，产品涵盖家具、家居、服装、皮具、珠宝、配饰六大品类。上下品牌源于中国传统手工艺，是当代雅致生活艺术品牌，致力于传承中国传统文化思想，通过现代设计，将中国精湛的传统手工艺重返当代生活。品牌营造了一种淡雅精致的生活方式和天人合一的文化空间，目前已经运用竹丝镶嵌工艺、瓷胎竹编、龙泉青瓷传统烧制技艺、漆制作技艺等十余种传统工艺进行设计研发，转化为具有时代精神的"美"与"用"。

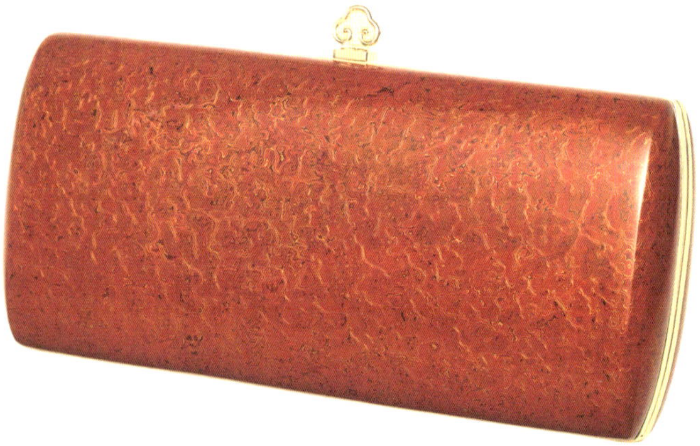

《如意》红菠萝漆晚装包

作者：徽州漆器髹饰技艺国家级非遗代表性传承人甘而可、巴黎皮具匠人杜衡

材质：菠萝漆、18k金、白钻、钻镀金

尺寸：长24.4厘米、宽13.2、厚5.5厘米

创作时间：2015年

设计说明：轻盈别致的长方形红菠萝漆制作，由徽州漆器髹饰技艺国家级非遗代表性传承人甘而可完成。手包由巴黎皮具匠人杜衡完成，内里为皮制，搭扣为18k镶白钻的如意形把手。

《桥》竹编瓷器漆金茶具套装

材质：瓷、竹

传统工艺：竹丝扣瓷

创作时间：2010年

设计说明：以温润的白瓷为胎，将0.4毫米细竹丝紧扣瓷胎进行编织，竹丝染色采用24k金箔。竹丝赋予白瓷茶具保温隔热的功能。茶具优雅质朴，流畅细腻，盖上沿用传统桥形钮。

《大天地》碳纤维椅

材质：碳纤维

传统工艺：榫卯结构

创作时间：2014年

设计说明：至简唯美，外方内圆，气度从容博大，好似天地都包容其中。保留明式家具形制，延续榫卯结构，座椅由18个部件用榫卯结构手工连接，传承了中国造物智慧和文化基因。同时创新性地用制作跑车的碳纤维高科技材料，整体打磨和上色，形成前卫时尚的科技感。

《天籁》限量版薄胎对碗

合作艺术家：中国当代艺术家丁乙

合作传承人：景德镇薄胎瓷非遗传承人卢建德

尺寸：直径29厘米、高12厘米

材质：瓷

创作时间：2015年

设计说明：形状浑圆雅致，薄如蝉翼，轻若祥云，完美展现景德镇瓷器“薄如纸、白如玉、明如镜、声如磬”的特点。瓷碗图案来源于丁乙画作《十示 2009-9》，分别将图案绘于碗的内壁和外壁，形成融合传统工艺与现代设计的高端艺术品。

《清影》竹丝镶嵌茶宝格

材质：竹、黑檀木

尺寸：长42厘米、高59厘米、厚18厘米

传统工艺：竹丝镶嵌

创作时间：2020年

设计说明：茶宝格采用竹丝镶嵌宫廷技艺。先将毛竹劈拉成清润的竹丝，再锯切长短篾并拼搭成方胜纹样作底板，最后用镊子衔着短丝嵌入，连片成型。竹丝镶嵌花板需成千上万片短篾拼成，严丝合缝，宛若天成。

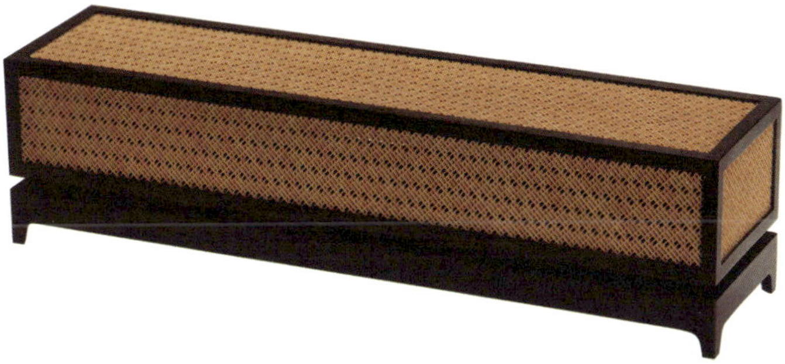

《清影》竹丝镶嵌香盒

材质：竹、黑檀木

尺寸：长23厘米、宽6厘米、高6厘米

传统工艺：竹丝镶嵌

创作时间：2020年

设计说明：香盒融合传统万字纹与“上下”标识，展现独特的镂雕艺术。紫檀木的温润质感与竹丝镶嵌工艺相得益彰， 宛如中国传统建筑的窗棂幽格，流光透影、虚实交错，为家居增添一抹雅致。

匠艺品牌

匠艺品牌于2008年由设计师薄向伟在上海创立，品牌理念是“匠于心，精于艺”。匠艺品牌以木质原生材料打造中国文创，坚信秉承用器物来传承木材生命的理念，形成简约实用、亲切朴实的东方生活美学风格。品牌设计很好地整合了传统手工艺和现代技术生产，产品一般经过选材、干燥、木工、榫卯、成型、雕刻、打磨、上蜡、抛光等数十道工序。薄向伟注重非遗手工艺在产品研发中的应用，涉及木雕、大漆、榫卯、细螺钿等工艺，擅长运用东方元素展开设计，获得诸多国家设计专利和重要设计奖项。

《梅兰竹菊》银筷礼盒

材质：999银、黑檀、白玉瓷

包装盒尺寸：长29厘米、宽19厘米、高5.8厘米

设计说明：黑檀筷身，大漆工艺，经久耐用，光泽优美。999足银筷尖，抗菌更健康。原创梅兰竹菊四种纹样，用于黑底银花的四双筷子装饰，正所谓“筷中四君子，情怡箸福间”。礼盒搭配红釉高白瓷茶杯四枚，每个杯子底部有字，字样为“喜乐安康”四字，释放杯底美学。

喜
樂
安
康

《六通鲁班锁》文房印章摆件

材质：黑檀、红花梨、缅甸花梨、鸡翅木、非洲花梨木、红檀

尺寸：长12厘米、宽12厘米、高17厘米

设计说明：鲁班锁主体由六根不同的红木材构件组成，既可观赏装饰，亦可把玩益智。由燕尾榫连接的铜章，可定制专属印章。底座为印泥盒，内有朱砂印泥、牛骨骨扦与印纸。

米丈堂品牌

米丈堂品牌于2008年由卢志刚在上海创立。卢志刚既是一位设计师，也是一位非遗传承人，是虹口区非遗代表性项目“传统木雕和木作制作工艺”传承人。“米”是国际单位制基本长度单位，“丈”是中国市制长度单位，因此品牌理念是传统与现代的融合，品于行、巧于思、启于承、精于工。米丈堂涉及建筑设计、木艺装置、木作家具和木质文创等领域，以江南文化为创作土壤，设计为核心驱动力，以木艺为载体，汲取中国传统建筑与家具的审美理念，融合优雅的造型语言、精湛的手工技法与现代设计，赋予器物气韵之美。

《云间》文房四宝

材质：花梨木

产品：笔筒、便签盒、镇纸、尺

设计说明：祥云飞绕，置于书桌，手工精作，具有天然木香，曲线生动，为工作休闲带来几分书卷气。

《镇宅门神》木雕玩偶

材质：花梨木

设计说明：昔为唐朝将，今作镇宅神。左门神秦琼，凤眼蒜鼻、厚唇顺髯；右门神尉迟恭，竖眉豹眼、虬髯满腮。门神手执兵器，横眉怒目、威武雄赳，置于家中玄关或厅堂，可避煞退鬼，保清净平安。

《吉祥生肖》木雕玩偶

材质：花梨木

设计说明：将十二种传统生肖动物拟人化，正襟危坐，形成富有戏剧性的家族成员角色。身着中山装的爸爸、穿旗袍的妈妈、着对襟唐装的宝宝，表达一种重视家族观念和血脉传承的社会关系，形成了有趣的全家福生肖文创系列。

传世珐琅品牌

传世珐琅品牌由上海设计师施君于2010年在上海成立。施君出身于珐琅世家，精通珐琅工艺，从事各类设计项目，多年来致力于将传统珐琅工艺与当代艺术、环境设计、产品研发等相结合，开拓了珐琅工艺在多领域生活空间的应用。品牌让传统珐琅技艺走进现代日常生活，用传统文化元素进行当代设计研发，创作出一系列具有艺术气息和当代审美的非遗文创产品，聚焦传承与创新，连接历史和现在。

《万物生》珐琅艺术画

设计说明：运用现代设计方法、传统的珐琅用色，并借鉴精选的文化符号，将珐琅这种永不褪色的工艺作为时间的象征融入艺术品，希望见证每一个家庭的幸福、富足。

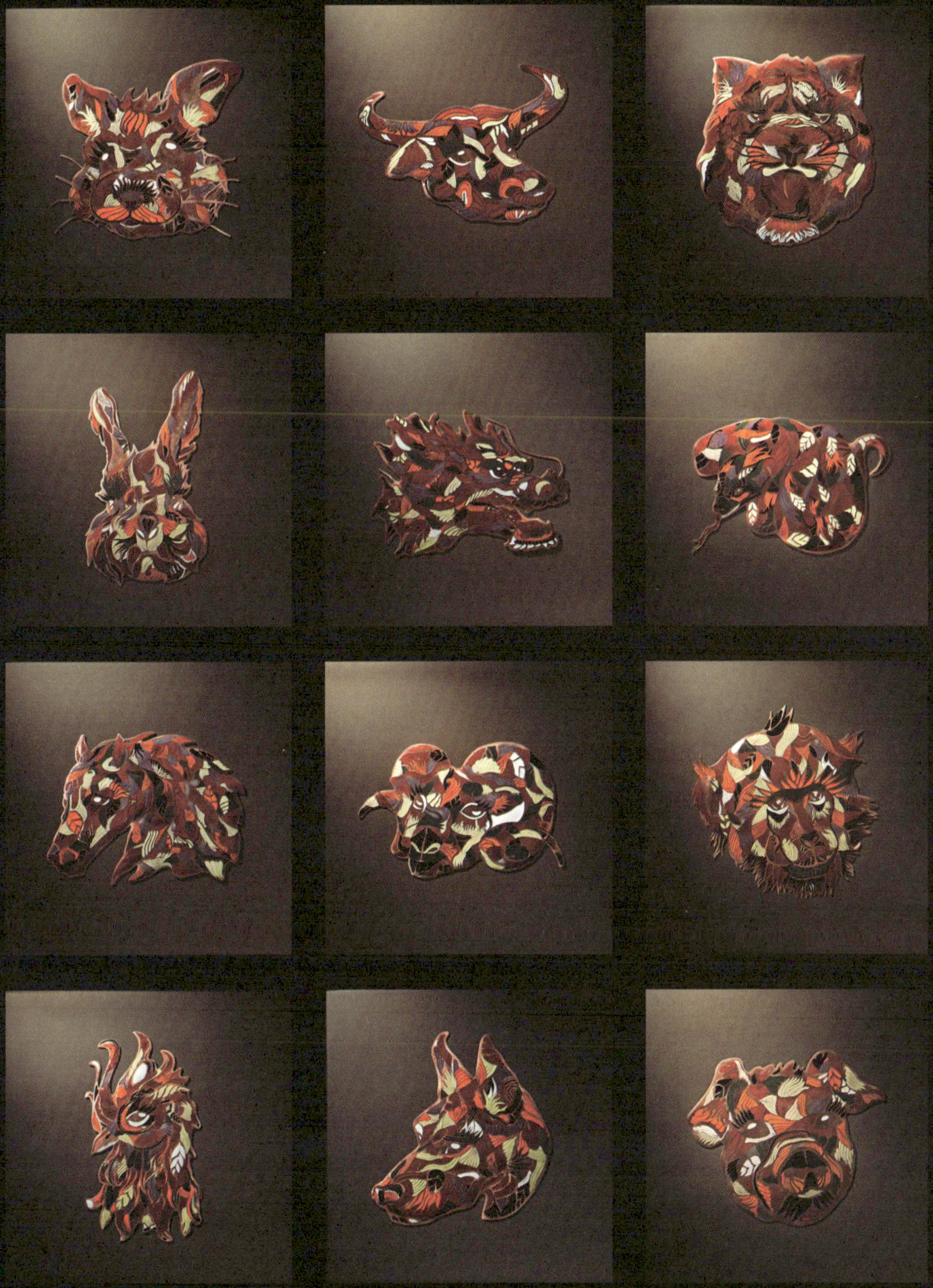

《祥瑞山海 · 文鳐鱼 · 凤凰》珐琅摆件

设计说明：集山川灵气，祝四海康宁。以山海经中的四种瑞兽为原型，表达人类对美好生活的共同愿景。

《观园屏风 · 石上金珊》珐琅艺术摆件

材质：黑檀木、珐琅

品牌：传世珐琅和匠艺联名款

作者：施君、薄向伟

尺寸：高45.3厘米、宽42.3厘米、厚16厘米

设计说明：珐琅工艺制作太湖石，黑檀木制作江南园林的窗花形制，形成当代家具摆件。富有浓郁的江南韵味，简洁明快，妙趣横生。

竹矣品牌

竹矣品牌由设计师林栋于2015年在上海创立，专注于东方美学与传统手工艺，强调人文情怀和自然元素的运用，以竹材料为主，运用各类竹工艺，如竹丝扣瓷、竹丝镶嵌等技艺，形成各类中式生活美学家居用品，具有浓厚的人文情怀和江南特色。品牌注重与多种材料及手工艺的整合研发，结合木、瓷、琉璃、皮革、金属等材料，涉及竹艺、漆艺、镶嵌技艺等非遗项目。

湘妃竹漆雕百宝嵌仿宋提箱

传统工艺：漆雕百宝嵌

材料：湘妃竹、红木、漆雕百宝嵌

尺寸：高45厘米、宽32厘米、厚22厘米

湘妃竹百宝嵌屏风

传统工艺：漆雕百宝嵌

材料：湘妃竹、漆雕百宝嵌

尺寸：高56厘米、宽42厘米、厚21厘米

羊舍品牌

羊舍（YANG HOUSE）品牌由设计师杨明洁于2015年在上海成立，是一个专注于探索传统工艺与现代设计融合生活方式的品牌。设计哲学为“物的舍之美”，关注舍弃内心过度物欲的形式，解构器物诞生的逻辑。品牌不仅推动了传统工艺的传承与发展，还为现代设计注入了新的活力，成为当代中国设计的重要代表之一。

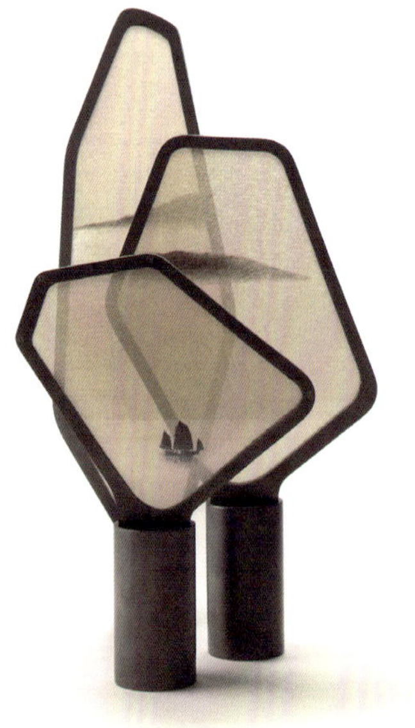

《中国画的三维解构》屏风系列

制作单位：羊舍品牌、苏州刺绣研究所

传统工艺：苏绣

设计：杨明洁

材料：丝绸、碳化不锈钢

尺寸：每幅高度22~51厘米，宽度18~24厘米

设计说明：三扇屏风形成一组充满意境的立体中国画，这是一幅太湖风光画面，其青山、帆船、湖面由刺绣制成，屏风外框从太湖石轮廓抽象设计而来。屏风可调整位置，产生错位、叠加的效果，让人产生船在移动的感觉。

《竹之光》落地灯

传统工艺：油纸伞制作技艺

材料：纸、竹

时间：2016年

设计说明：灯罩来源于云南腾冲手工纸伞的伞面，光线透过纸质伞面，营造出恬静含蓄的氛围。伞骨与缠线在灯光下展现出独特美感，下方三根纤长的支脚采用竹材料，稳固地支撑着整个灯具。

《榫卯的重构》木椅

传统工艺：榫卯制作技艺

材料：榉木

尺寸：长69厘米、宽61厘米、高79厘米

时间：2017年

设计说明：传承中国传统榫卯工艺，用燕尾榫结构将不同角度板材拼接为折纸状扶手椅，获美国IDEA设计奖。椅面可结合毛毡、皮革等软垫。

偶遇品牌

偶遇（PAR HASARD 亻遇·然）品牌是由留法设计师何然于2012年在上海创立的时尚皮具品牌。品牌强调当东方偶遇西方、当传统偶遇当代的理念，体现出在不经意间相遇的法国情调。何然痴迷于中国传统手工艺及其文化内涵的现代演绎，用浪漫优雅的法国设计诠释灿烂丰富的中国传统文化，用对比和混搭的方式，让中式美学“潮酷”起来，创作了大量具有中国风格和民族特征的时尚产品。目前何然对各民族刺绣和织锦、木雕和漆艺、银饰锻造等技艺进行了再设计，与当代皮具设计和生活家居相结合，形成了中西合璧且独具个性的国潮风。

《白牡丹》缂丝手包

设计制作：设计师何然、缂丝传承人柯利亨

传统工艺：缂丝

创作时间：2021年

尺寸：高11厘米、宽22厘米、厚8厘米

设计说明：“数朵欲倾城，安同桃李荣，此物疑无价，当春独有名。”缂丝织造的白牡丹，盛开在黑色牛皮包一侧，细腻的花蕊灵动精致，胡桃木和纯铜把手温婉端庄。简洁利落的整体造型，与缂丝白牡丹的雍容典雅相得益彰。

《兔爷》兔年铸铜皮具手包

设计制作：设计师何然

传统工艺：铸铜

创作时间：2023年

设计说明：手包采用脱蜡铜模工艺，塑造了一只机智灵敏的兔子，充满生机活力，颇受年轻人喜爱。兔子耳朵令人联想到“V”的胜利手势，寓意未来更美好。

《苗图》苗族织锦公文包

设计制作：设计师何然、苗族织锦传承人甘小芝

传统工艺：苗族织锦

创作时间：2016年

尺寸：长40厘米、高32厘米、厚5厘米

设计说明：经典的苗族织锦纹样与皮具相结合，具有很强的当代感，尺寸适合笔记本电脑，颇受上班族喜爱。

《点亮生活》布依族织锦文创系列

设计制作：设计师何然、布依族织锦传承人韦厚珍

传统工艺：布依族织锦

产品：背包、手包、台灯

创作时间：2017年

设计说明：五彩斑斓的布依族织锦是妇女们表达对美好生活的热爱。织锦纹样由贵州六盘水布依族织锦传承人韦厚珍的母亲制作，充满了对女儿的祝福和爱意。通过设计与城市生活用品相结合，民族织锦的祝福从大山走到城市，温暖人心。

《蛟龙出海》缂丝手包

设计制作：设计师何然、缂丝传承人蔡霞明

传统工艺：缂丝

创作时间：2021年

尺寸：高48厘米、宽40厘米、厚5厘米

设计说明：采用蛟龙出海传统缂丝纹样，气象万千，方形手包和圆形缂丝构成天圆地方的设计理念，红黑经典配色典雅大气。

穆驰品牌

穆驰品牌由靳英丽于2010年在上海成立，专注于将传统手工艺转化设计为文创产品的时尚品牌。旗下有“彩云绣娘”品牌，通过“绣红计划”沪滇帮扶绣娘项目，将云南民族刺绣与时尚创意相融合，融入城市生活，进入国际舞台，帮助云南绣娘实现脱贫致富。其产品具有浓郁的中国范和民族风，以服装、箱包、围巾等为主，主要面向高端商务礼品市场。

云锦手包

传统工艺：云锦

创作时间：2022年

设计说明：云锦面料和橙色皮具结合，形成了手包花团锦簇、温暖尊贵的气象。

《福蝶》刺绣手包

传统工艺：彝绣

创作时间：2023年

设计说明：云南蝴蝶谷有多种色彩斑斓的蝴蝶，用当地的彝绣工艺制作蝴蝶图案的手包，寓意福气满满。

独龙毯手包

传统工艺：独龙毯制作技艺

创作时间：2024年

设计说明：独龙毯是独龙族的传统饰物，由独龙族妇女采集野生棉麻手工编织而成，色彩绚丽。这款独龙毯手包天然纯朴，并结合了藏族牦牛皮和竹把手。

荷木品牌

荷木（HEMU）品牌由设计师杨凤蕊于2010年在上海成立，是一个以东方元素和人文情怀为核心的中国原创服装设计品牌。品牌运用大量纺染织绣等中国传统工艺，如缂丝、宋锦、苗绣、绞缬、扎染、绒花、香云纱等，展开具有当代审美的服饰设计。在2024年“风雅之颂”春夏新品发布系列中，杨凤蕊提取了青瓷的醇雅之色贯穿设计，结合绫、罗、绸、缎、宋锦、云锦等中国传统非遗面料，运用宋代极简设计，呈现出素雅之美。同时发布会用青瓷瓯乐的现场演奏，形成了视觉和听觉相结合的东方传统文化之美。此外，“归去来兮”“大美之颂”“凤凰于飞”等发布会，都运用了大量非遗手工艺展开当代设计，让世界看见东方服饰之美。

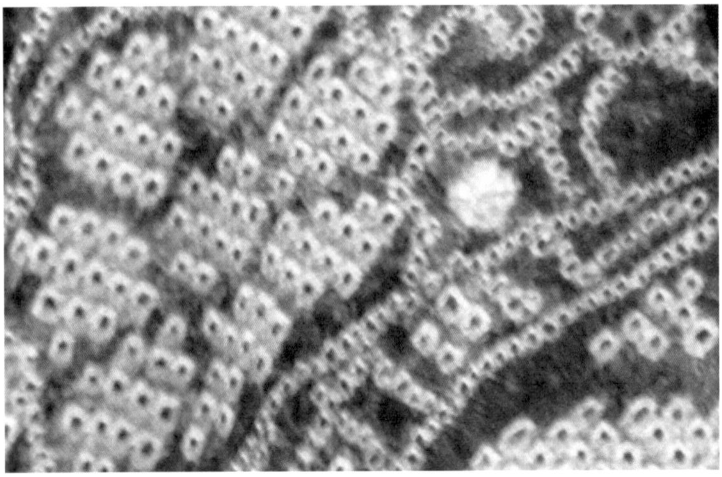

《子缬》鱼子缬服饰系列

设计：杨凤蕊

传统工艺：鱼子缬、莨绸

创作时间：2023年

设计说明：采用鱼子缬和莨绸双重手工艺，形成当代感的外套、披肩、斗篷等，蓝色系列清新沉稳，咖色系列宁静文艺，形成厚重深邃的力量感。鱼子缬是扎染绞缬的一种特殊工艺。在视觉上呈现类似鱼子的密集小点，整齐排布，错落有致。在工艺上用线环绕成千上万的小点打结，再经过浸色和拆线等流程形成。

沙涓品牌

沙涓（Sandriver）品牌由郭秀玲女士于2012年在上海成立，是中国高端羊绒品牌的代表之一。品牌注重传统手工艺复兴，在尊重当地自然环境和历史人文的基础上，将青藏高原的擀毡技艺、氆氇编织技艺等与现代织造产业相结合，为内蒙古和西藏等地区的牧民和手工艺人提供生产技能和收入来源。产品涵盖羊绒和牦牛绒制作的服装、披肩、毯子、床品、窗帘等。多年来沙涓受邀参加巴黎时装周和巴黎时尚家居设计展等，展现了中国传统工艺与现代设计相结合的魅力。

黑白羊绒斗篷

传统工艺：蒙古族毛纺织及擀毡技艺

材料：羊绒

创作时间：2019年

设计说明：通过对羊绒拍、打、按、压的传统手法，实现了从散毛到艺术产品的创作过程。系列产品入驻安缦酒店、LVMH集团旗下的巴黎顶级百货店等。

邦典主题羊绒时尚斗篷系列

传统工艺：氆氇编织技艺

材料：羊绒

创作时间：2024年

设计说明：沙发毯、床毯、围巾、斗篷

设计说明：基于两千多年历史的藏族邦典纹样进行设计，形成纯羊绒手工制作的时尚单品。邦典是藏族妇女的围裙，独特的条纹和色彩形成了一种文化符号。

氆氇家居系列

传统工艺：氆氇编织技艺

材料：牦牛绒、羊绒

产品：沙发毯、床毯、围巾、斗篷

创作时间：2023年

设计说明：采用羊绒和牦牛绒混纺技术，形成更为柔软和温暖的纺织品。

真丝羊绒大衣

传统工艺：蒙古族毛纺织及擀毡技艺

材料：真丝、羊绒

创作时间：2021年

设计说明：采用江南的丝绸和内蒙古的羊绒相结合，用特殊擀毡技艺制作，形成材料上的融合跨界。既有羊绒的立体性，也有丝绸的灵动通透，做到虚实结合。

子曰服饰品牌

子曰服饰品牌于2010年由手艺人、设计师宋连生在上海创立，专注于用传统工艺制作的中式服饰箱包，凝聚了东方生活智慧和工艺美学。宋连生找到了传统工艺和时尚美学的平衡点，将绘画、木雕、印染、刺绣、裁剪、缝制、竹编等多种传统工艺融入服装、首饰、箱包设计中，作品具有深厚的文化底蕴和精湛的手工技艺。

宋代碧桃图女士提梁包

传统工艺：皮雕、流苏

创作时间：2021年

设计说明：图案出自宋代传世花鸟画“碧桃图”，造型来源于传统提盒。采用植鞣革，提梁和底座采用亚克力，凸显轻盈时尚。提纽为玉璜形制，七色丝线为流苏，琉璃、南红、纯银降魔杵、碧玉指环为配珠。

鹦鹉牡丹纹羊绒女士大衣

传统工艺：掇针绣

创作时间：2016年

设计说明：图案出自山西何家村出土的唐代金银器“鹦鹉牡丹纹提梁罐”，采用民间村落广为流传的掇针绣技法和纯棉线缝制。采用轻奢面料，温暖厚实，富贵气象。色彩取自唐三彩，柔和敦厚。

凌波微步黛蓝真丝礼服裙

传统工艺：刺子绣

创作时间：2019年

设计说明：采用传统刺子绣针法，绣制于宝蓝缎面真丝，表现中国古典绘画中的波浪。衣领为苏式纳纱绣。整体典雅灵动，穿上身宛如凌波微步的女子。

鱼你相依工作室

工作室由设计师张佳慧于2016年创立，主要从事国潮首饰设计。张佳慧擅长将非遗手工艺融入当代设计，曾在上海工艺美术职业学院的支持下发起“星火燎原——鱼你相依”首饰设计大赛等，助力贵州省台江县民族工艺的创新设计。

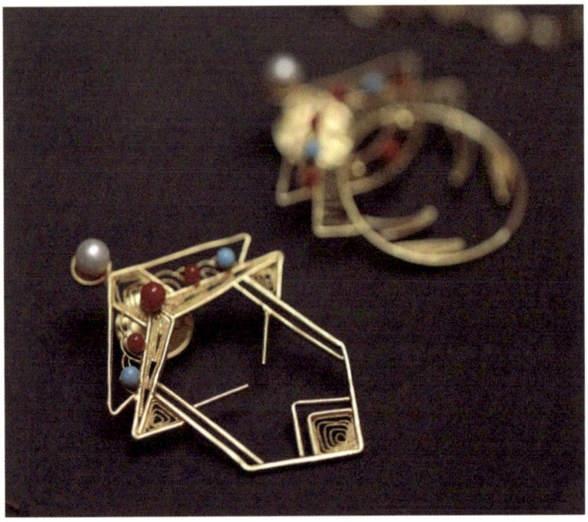

《帝后》花丝首饰

设计师：张佳慧

传统工艺：金银细工制作技艺

创作时间：2020年

《锦鲤》花丝首饰

设计师：张佳慧

传统工艺：金银细工制作技艺

创作时间：2020年

设计说明：游动的锦鲤采用金银细工制作技艺，尾巴结合花丝技艺灵动飘逸，头部采用绿松石和红珊瑚点缀，寓意好运连连。

泾彩工作室

工作室由设计师兼工艺师董慧于2022年创立，主要从事掐丝珐琅制作技艺的文创产品设计研发，并凝聚一批热爱生活和创新的手艺人和设计师。工作室致力于推广手作艺术，开展传统手工课程和体验活动，体验手作的乐趣，感受中国传统文化的魅力。

《石榴》茶杯

非遗技艺：掐丝珐琅制作技艺

材质：陶瓷杯、氧化铝镀金丝、珐琅釉料

创作时间：2023年

设计说明：以陶瓷杯为载体，用掐丝珐琅工艺制作红石榴，表达繁荣昌盛、子孙满堂的美好寓意。

《繁花·茉莉》珐琅手包

非遗技艺：掐丝珐琅制作技艺

材质：氧化铝镀金丝、珐琅釉料、皮具

创作时间：2023年

设计说明：用掐丝珐琅工艺制作茉莉花纹样，美好纯洁，巧妙地与圆形皮质手包结合。

《繁花·万象》珐琅镜

非遗技艺：掐丝珐琅制作技艺

材质：镜面、氧化铝镀金丝、珐琅釉料

尺寸：高58厘米、宽45厘米

作者：上海工艺师董慧、上海设计师胡一威

策划：上海市公共艺术协同创新中心

创作时间：2023年

设计说明：镜面采用掐丝珐琅表现繁花盛景，照镜子时被繁花环绕，映射哲学中的万象。

四眼芝士工作室

工作室于2018年由设计师阿鲁在上海创立，其设计风格轻松愉快、妙趣横生。阿鲁活跃于文博和文旅产业，与非遗结缘于上海市公共艺术协同创新中心（PACC），对中国多项非遗手工艺进行了设计探索，形成一系列充满匠心和童趣的非遗文创产品。2022年围绕山西布老虎展开新的创意设计，形成当代诙谐可爱的布老虎“好舒虎”系列。此后阿鲁潜心研究了云南毛毡制作技艺、宁夏麻编技艺、侗族刺绣、白族扎染技艺等，从生活美学角度出发进行设计转化，深入挖掘传统文化内涵，形成了年轻人喜爱的非遗文创产品。

《苗的狂欢》苗绣纹样搪瓷杯

跨界设计：阿鲁、秦勉

创作时间：2018年

学术研究：上海市公共艺术协同创新中心

联合发行：四眼芝士、玖申搪瓷、汉工文化

设计说明：贵州黔东南苗族绣片经常出现菱格纹样，图案嵌套繁复，色彩绚烂美丽，表达苗族人对自然的敬畏和对美好生活的向往，用于搪瓷杯的纹样颇受城市年轻人的喜爱。

《好舒虎》山西布老虎文创系列

设计制作：设计师阿鲁、山西布老虎传承人杨雅琴

跨界策划：秦勉

创作时间：2022年

学术研究：上海市公共艺术协同创新中心

联合发行：四眼芝士、汉工文化

设计说明："好舒虎"是从"好舒服"的谐音而来，是虎年推出的非遗文创产品，包括餐具、灯具、地毯等生活用品，寓意虎年生活美好。设计从山西传统布老虎形象出发，保留了南瓜眼和夸张的面部表情，同时将老虎头设计为方形，寓意现代人在城市规则中四四方方的思维模式和生活方式。"好舒虎"眯眼笑、仰面躺、贴肚趴、翘腿躺、伸懒腰等，呈现一个活脱脱的现代社会角色。

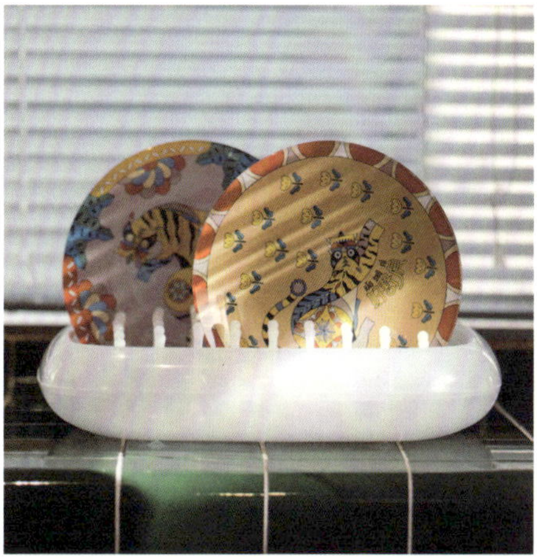

《猴子秘密》苗绣植物种子卡片

跨界设计：阿鲁、秦勉

创作时间：2019年

学术研究：上海市公共艺术协同创新中心

联合发行：四眼芝士、玖申搪瓷、汉工文化

设计说明：卡片设计从苗绣纹样中获得启发，创作猴子在热带丛林里玩耍和躲藏的景象，装饰性强，色彩奔放。卡片用传统造纸和水培技术制成，内嵌植物种子，悉心养护后可发芽生长，体验种植乐趣。

《虎虎生威》苗绣环保袋

跨界设计：阿鲁、秦勉

创作时间：2019年

学术研究：上海市公共艺术协同创新中心

联合发行：四眼芝士、玖申搪瓷、汉工文化

设计说明：杜邦纸环保袋设计从苗绣纹样获得启发，保留对称构图和热烈色彩，创作了两只老虎在黔东南丛林中惬意玩耍的画面。

青说染艺工作室

工作室由土布染织技艺从业者程绮于2016年创立，秉承“物尽其用、用尽其妙”的设计理念，主要从事传统印染技艺类的文创研发和教学，包括扎染、植物染、印金、版印等。工作室以扎染研发为主，助力金山区非遗染织技艺的保护传承。程绮向金山区扎染师傅学习工艺，记录扎染工具和技艺过程，同时研发金山扎染的创新作品和美育课程，将扎染体验融入社区、学校和景区等社会空间。

《书香雅韵》扎染文具套装

作者：土布染织技艺从业者程绮

材料：棉布

扎染手法：木棍夹绑技法

产品：书衣、书套、笔袋、书签、香囊

绞缬茜草橙丝巾

作者：土布染织技艺从业者程绮

材料：桑蚕丝镂空菱形

扎染手法：线绑扎技法

尺寸：长1.80米、宽0.55米

鱼子缬靛蓝丝巾

作者：土布染织技艺从业者程绮、俞正华

材料：桑蚕丝提花罗纹

扎染手法：扎结专用金属钩针制作

尺寸：长2米、宽0.55米

海上东西工作室

海上东西工作室（ShanghaiSense）由设计师应敏于2016年创立，专注于土布染织技艺的传承与创新。以上海本土文化为灵感，将传统土布与现代设计相结合，研发具有上海特色的家居和服饰系列，为江南土布的拓展应用提供了多元的设计实践路径。

《欢囍》崇明土布手拿包

创作时间：2018年

设计简介：崇明土布典型的“囍”字纹，多以红色为主，蓝绿黄色为辅。通过格纹排列组合形成千变万化的纹样，是母亲给女儿结婚时的祝福。手拿包传递“日日是好日，日日常欢囍”的美好寓意。土布温暖柔软的纹路，就像母亲温暖的手。

《簪花照影》布艺装饰画

创作时间：2020年

设计简介：以白玉兰和《簪花仕女图》为灵感，采用崇明土布、竹发簪、木绣绷、树枝等元素，结合拼布和刺绣等工艺，创作成四连幅布艺装饰画。土布为花瓣，盘扣为花蕊，竹为发簪。

《潇洒竹意》崇明土布女士通勤装

作者：设计师应敏、赤水竹编传承人杨昌琴

策划：上海市公共艺术协同创新中心

传统工艺：赤水竹编、崇明土布

创作时间：2018年

设计简介：用深蓝色和浅蓝色的崇明土布，设计制作充满融合性、创意性的海派女士通勤装。用赤水竹编来编织西方千鸟格纹样，与崇明土布格纹形成一种有趣的对话。服装是东西方的对话，也是不同材料和工艺的对话，充满了探索和创新。

斗贤品牌

斗贤品牌由李斗贤女士于2010年在上海成立，是一个从“美布造物”出发的集家居布艺类为主的生活方式品牌。多年来，在传统文化传承和创意产品研发方面经验丰富，涉及的非遗项目有香囊、土布、植物染、织锦、茶道等。

江南土布盖章香囊

设计说明：采用上海地区的手织江南土布，创作桂花香囊系列。配合书法文字和细密串珠，挂在包上或置于家居空间，幽香深远，古朴雅致。

植物主题羊毛围巾

传统工艺：植物染色技艺、植物拓印

设计说明：在纯羊毛围巾上将植物为染料，采用扎染和拓染工艺进行创作。采用排骨草、尤加利叶、柚木叶、墨水树、乌桕叶等，创作属于自然的礼物。

二、上海高校介入非遗传承的创新成果

2015年，原文化部会同教育部、人力资源社会保障部启动了“中国非遗传承人群研修研习培训计划”（简称“研培计划”）。这是中国非遗保护事业的一项基础性、战略性工作，“十三五”期间培训传承人群10万人次，为非遗保护工作提供高校的学术和教学资源支持。“十四五”期间，更名为“中国非遗传承人研修培训计划”，由文化和旅游部、教育部、人力资源社会保障部共同实施。2024-2025年度，参与中国非遗研培计划的院校共计130所。当前，非遗研培计划是中国高校介入非遗传承的重要平台，是高校走出中国特色的学科建设和专业发展道路的重要前提，是中华优秀传统文化的创造性转换和创新性发展的生动实践，具有深远的价值和意义。

上海大学作为首批非遗研培高校，根据“见人见物见生活”的研培理念，以“活态传承，活力再现”为目标，目前已完成40个研培教学班，为全国1100余位非遗传承人提供了教学服务。上海大学非遗研培计划主要由下属的上海市公共艺术协同创新中心（简称“PACC”）执行，由上海美术学院的师生结合自身专业，进行非遗教学研究和创作设计研发。

PACC非遗跨界创新设计

基于非遗研培计划，上海大学于2016年至2018年期间探索形成了非遗跨界创新教学模式，左手牵着非遗传承人，右手牵着设计师、高校师生、设计机构、品牌企业等，共同为非遗融入现代生活进行设计研发，在当时全国范围内具有示范性和引领性。截至目前为止，研发非遗新品600余件，涉及生活家居、时尚服饰、科技家电等领域，分为非遗高级定制作品、手工制作和机器生产相结合的非遗产品、非遗元素衍生文创产品三个层次，初步完成从“作品→产品→商品”的转化，并且形成一系列设计研发的模式、路径、方法、理念。

同时，上海大学策划研发了非遗与品牌跨界产品10余项，与凤凰自行车、英雄钢笔、哈氏食品、回力球鞋等老字号企业达成战略合作，共同推进非遗文创设计，为助力精准扶贫和乡村振兴提供了新模式，研发成果获“全国非遗扶贫品牌行动”称号、“上海设计 100+”称号等。此外，PACC探索了非遗跨界的多元道路，从《白蛇惊变》非遗跨界音乐剧，到《竹编万花筒》《百鸟林》等非遗公共艺术装置，为非遗传播上下求索，不断探索。

2018年阿坝非遗传承人研修班教学现场

2017年竹艺非遗传承人研修班教学现场

《千里江山》缂丝高定服饰系列

设计制作：苏州缂丝传承人王建江、中国原创鞋履品牌SHEME设计师李丹、海派旗袍设计师苗海燕

策划：周爱华、章莉莉

产品：缂丝女鞋、缂丝礼服、缂丝手包

传统工艺：苏州缂丝

创作时间：2017—2019年

设计说明：2017年初，以宋代青绿山水传世之作《千里江山图》为主题，展开历时8个月的缂丝高定服饰系列的研发制作，让传统缂丝成为现代时尚。礼服上半身采用缂丝制作，来源于海派旗袍和传统肚兜的形制，下半身如流水瀑布般舒展开的西式礼服裙摆，做到了东西方审美的有机融合。缂丝女鞋结合了水钻和青金石，让缂丝散发时尚气息。缂丝女包已完成高定产品线的小批量制作发布。

《芙蓉韵》蜀绣高定服饰系列

大礼服及服饰系列设计制作：服装设计师苗海燕、四川蜀绣传承人吴玉英

超高靴及女鞋系列设计制作：中国原创鞋履品牌SHEME设计师单琪、四川蜀绣传承人吴玉英

策划：周爱华、章莉莉

传统工艺：四川蜀绣

创作时间：2018年

府王恭

设计说明：以南宋李迪《红芙蓉花》为灵感，向传世绘画及蜀绣技艺致敬。作品采用三十余种蜀绣衣锦纹针法，以及立体刺绣的表现手法，表现了芙蓉花绽放的美妙色泽和造型。每片花瓣和叶片造型逼真，结合彩色镶钻形成摩登时尚气息。作品让传统蜀绣有了时尚精神，融入年轻时尚的生活场景。

《幸福鸟》苗绣服饰系列

产品：女靴、礼服

设计制作：服装设计师苗海燕、中国原创鞋履品牌SHEME设计师单琪、苗绣传承人杨再美

项目策划：周爱华、章莉莉

传统工艺：苗绣

创作时间：2017年

设计说明：幸福鸟图案来源于苗族凤凰图腾，象征女性在时代大潮中敢于拼搏奋斗的精神。幸福鸟采用苗族古老的织绣针法，尾巴采用破线绣。将苗族手艺带到高定时尚，让传统找到新生。

《炫秀》苗绣服饰系列

产品：女鞋、女包、礼服

设计制作：中国原创鞋履品牌SHEME设计师单琪、服装设计师苗海燕、苗绣传承人吴必花

项目策划：周爱华、章莉莉

传统工艺：苗绣

创作时间：2017年

设计说明：采用贵州黔东南流传千年的数纱绣制作，拼接在红色皮艺上，集合轻奢烫钻，让大山里的手艺绽放时尚韵律。

《大如意》蜀绣服饰系列

产品：旗袍、女鞋

设计制作：服装设计师苗海燕、四川蜀绣传承人吴玉英、中国原创鞋履品牌SHEME设计师单琪

传统工艺：四川蜀绣

创作时间：2018年

设计说明：在黑色旗袍上采用蜀绣衣锦纹针法，用彩色丝线层层叠叠绣制如意云纹图案。从各个角度观看形成了馥郁光泽的渐变效果，尽显海派风韵。

《上海小囡》非遗摩登礼服系列

设计制作：婉珺玺品牌设计总监叶青、畲族字带编织技艺传承人蓝咏梅、上海绒绣技艺传承人陈文奎

传统工艺：畲族字带编织技艺、上海绒绣

创作时间：2018-2019年

《大山之托》羌绣法式大礼服

设计制作：设计师秦旭、四川阿坝羌绣传承人张居悦

传统工艺：羌绣

策划：马阳、章莉莉

创作时间：2015年

设计说明：礼服上半身用羌绣“素绣”呈现，用秋海棠和石榴花为图案，象征幸福从容和多子多福，下半身则是浪漫法式蓬蓬裙。羌绣由四川阿坝州九〇后传承人张居悦带领四位羌族妇女完成。设计师秦旭完成礼服制作后参加秋冬巴黎高级定制时装周，获得巴黎时尚界的关注和好评。礼服保留阿坝传统棉线，刺绣在高贵的真丝面料上，集大山屹立之神韵，因此命名为《大山之托》。

《浴火重生》羌绣法式礼服

设计制作：设计师秦旭、四川阿坝羌绣国家级传承人李兴秀

传统工艺：羌绣

创作时间：2018年

设计说明：以羌族“凤凰永生”传说为题材，火红的礼服和万物生长的羌绣“素绣”图案，表达了浓烈的生命感。

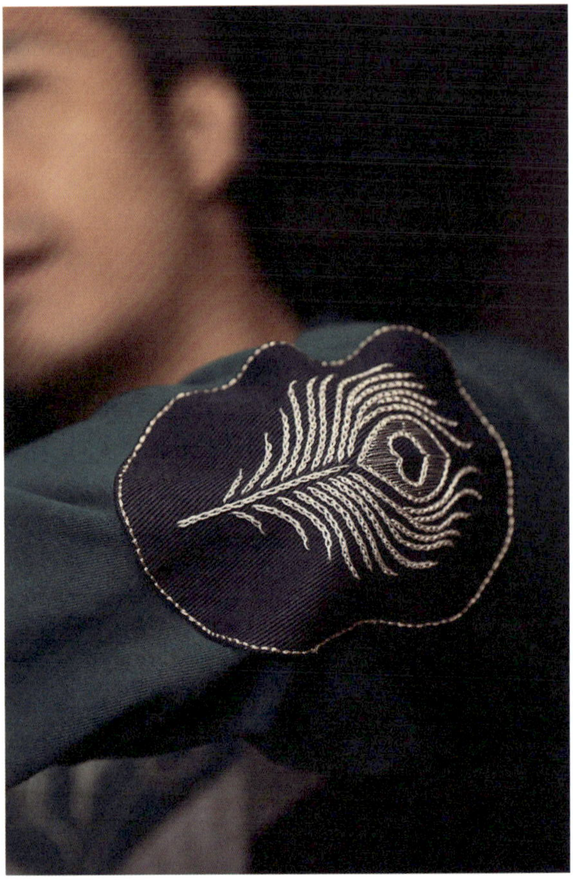

《孔雀》澄城刺绣运动服

设计制作：设计师陆坤、陕西澄城刺绣传承人武麦花

传统工艺：澄城刺绣

创作时间：2018年

设计说明：采用澄城刺绣纳鞋底的针法完成运动衣耐磨部分的绣花，绣花出现在手肘、膝盖、胸口、裤缝等区域，使运动衣更加结实耐穿。绣花采用蓝绿色灵动摇曳的孔雀翎毛纹样，以大麦粒针法和锁连绣针法形成了点线结合的纹样。以澄城刺绣的粗犷针法来呈现孔雀雄性动物的阳刚气质，既不失力量感，又有着灵动的线条美。

《思无邪》艺术刺绣皮具办公系列

设计制作：常州乱针绣传承人张莉、皮具设计师夏天雨、柴源园

策划：胡建君、何曦

传统工艺：常州乱针绣、江南土布

创作时间：2019年

设计说明：常州乱针绣再现了上海画家何曦的作品，荷花和游鱼，天真烂漫思无邪。运用土布与真皮制作笔记本、笔袋、公务包、杯垫等办公文创系列，形成具有江南风格的非遗文创。

羌绣藤椅装置艺术

设计：李鸿雁

制作：王丽媛

策划：马阳、章莉莉

传统工艺：羌绣

创作时间：2015年

民族高定娃娃系列

设计制作：羌绣国家级传承人李兴秀、藏族手工编织传承人阿斯基和三郎木来、藏服制作传承人李琼坪、刺绣传承人宋小英、设计师徐加佳

传统工艺：羌族刺绣、藏族编织、藏服制作

创作时间：2017年

《徽宗·芙蓉图》缂丝顾绣女士手提圆包

设计制作：手艺人宋连生、苏州缂丝传承人王建江、上海顾绣传承人黄一飞

传统工艺：苏州缂丝、上海顾绣

创作时间：2018年

设计说明：以宋徽宗的芙蓉图为蓝本，采用苏州缂丝和上海顾绣进行临摹创作。手提圆包两面分别为缂丝和顾绣，缂丝沉稳雅致，顾绣明艳灵动，配上流苏，尽显宋韵国风之美。

《EIGHT》苗族银饰锻造首饰系列

设计制作：荷兰首饰设计师Moniek Vierling、Marit Van Heumen，苗族银饰锻制传承人杨昌元、杨平生、杨从森、李秋燕

策划：上海市公共艺术协同创新中心

传统工艺：苗族银饰锻造

创作时间：2017年

设计说明：苗族银饰多采用花丝技艺，呈现重叠繁复之美。设计师提炼经典的苗族花丝纹样，用模块化设计方法，形成简约当代的首饰系列。

《陌上春》海南黎锦手包系列

设计制作：设计师李依蔓、黎锦传承人朱英妹

传统工艺：黎锦

创作时间：2017年

《粉海棠》缂丝刺绣手表

设计制作：设计师郑珊珊、缂丝织造技艺传承人华惠英、无锡精微绣技艺传承人邵敏

传统工艺：缂丝、无锡精微绣

创作时间：2019年

《格桑玉兰共芬芳》化妆用品系列

设计制作：设计师施军燕、藏族银饰锻造技艺传承人段松文

传统工艺：藏族银饰锻造、上海绒绣

创作时间：2018年

设计说明：结合果洛藏族银饰锻造与上海绒绣两项技艺，形成兼具功能性和装饰性的化妆系列用具，包括化妆首饰盒、手持式化妆镜、便携式化妆镜。柔软与坚硬，绚烂与白素，表达上海与果洛的文化互通互融。

《八角花》撒尼人刺绣手包

设计制作：谢昕炜、何然

创作时间：2023年

传统工艺：彝族（撒尼）刺绣

尺寸：高54厘米、宽36厘米、厚7厘米

设计说明：手包具有对称与均衡、庄严与稳重的视觉美感。八角花纹样采用撒尼人刺绣，常出现在彝族传统服饰中，如围腰、背包、头帕等部位，承载着撒尼人对自然、生命和美好生活的祈愿。

《鱼》赫哲族鱼皮背包

设计制作：谢昕炜、王则云

创作时间：2023年

传统工艺：赫哲族鱼皮制作技艺

材料：鱼皮、牛皮

设计说明：用大马哈鱼皮为材料，构成抽象语言和身体互动的创意。背上包时，肩膀和包自然地勾勒出一条线性的鱼形。包的两面采用正负形设计，提供选择搭配衣服的机会。

大竹灯系列

设计制作：荷兰产品设计师艾瑞克·曼特尔（Erik　Mantel）、依冯·劳力森（Yvonne Lauryssen）、东阳竹编传承人何红兵

策划：上海市公共艺术协同创新中心

传统工艺：东阳竹编

创作时间：2016-2017年

《融合》创意竹扇系列

设计制作：荷兰产品设计师艾瑞克·曼特尔、依冯·劳力森、莫干山竹扇制作艺人徐春英

策划：上海市公共艺术协同创新中心

传统工艺：竹扇制作

创作时间：2016年

《翡翠玉蓉》竹筒蓝牙音箱
设计制作：徽州竹雕传承人洪建华，产品设计师施斌、王昱焱
传统工艺：徽州竹雕、梁平竹帘
创作时间：2016年

《寒江雪》梁平竹帘船木蓝牙音箱系列
设计制作：艺术家汪大伟，产品设计师施斌、王昱焱，梁平竹帘传承人牟静平
传统工艺：梁平竹帘
创作时间：2016年

《竹林间》青神竹编首饰系列

设计制作：设计师章莉莉、首饰设计师金丹、青神竹编传承人殷瑛

传统工艺：青神竹编

创作时间：2016-2020年

设计说明：青神竹编是四川青神县的一种平面竹编，采用四川特有的慈竹，劈出极薄的竹篾丝编织而成，一般多以书法或国画等传统题材的竹编画著称。竹编首饰采用典型竹编的几何水波纹，设计简约的项链、戒指、手镯等。竹编折射出来的竹丝光泽具有一种金属感，与极简风格的银饰浑然一体，形成简洁明快的调子，犹如从竹林间划过的风声。

PACC果洛非遗文创专题

2016年，在原文化部非物质文化遗产司的指导下，成立上海大学驻青海果洛传统工艺工作站，旨在帮助果洛传统工艺振兴发展，提升传承和创新能力，走向广阔的市场。早在2010年，中央就明确了上海市对口支援果洛藏族自治州的任务。果洛与上海，位于长江的发源地和入海口，海拔相差4200米，两地共饮一江水。

八年来，工作站由上海大学PACC落实推进，由上海美术学院师生前赴后继进行教学和研发。通过非遗研培教学、非遗传承人驻地、品牌跨界合作、非遗回访等方式，导入外部创意人才和企业品牌合作，助推果洛非遗产品不断得到改良和创新。重点研发的非遗项目包括班玛黑陶、藏族银饰锻造、牦牛绒制作技艺、德昂洒智藏文书法、藏族手工编织等，为果洛研发传统工艺新产品，打造果洛民族品牌。与此同时，工作站为果洛提供上海大市场，推进东西部文化交流，带动果洛藏族地区城乡居民就业和增收。目前研发的非遗文创产品百余件，具有代表性的有“格桑花”藏银锻造服饰系列、“果洛的祝福”德昂洒智藏文书法挂画系列、牦牛绒温暖家居系列、格萨尔英雄史诗钢笔等。

格桑花藏银锻造服饰系列

藏族银饰锻造是果洛民族服饰的重要组成部分，特别在节日庆典或婚礼场合，人们会佩戴大量金银饰物。其中佩戴在腰间的半球形饰品，称为“腰带花”。从2017年至2023年，工作站邀请上海设计师何然与果洛银饰锻造传承人段松文合作，研发了以“格桑花”为主题名称的银饰锻造服饰系列。格桑花是高原上漫山遍野的小花，恣意盎然，生机勃勃，象征着幸福。这个系列的研发为果洛传统工艺提供了融入现代生活的新路径。果洛高原格桑花，都市朋克时尚范，简约帅气的产品受到很多人的喜爱，为非遗从业者和设计师提供了新思路。腰带花纹样博大精深，变幻无穷。师生团队将其图案纹样进行采集、归类、绘制、记录，并进而设计格桑花图案纹样和文创产品。

《格桑花》藏银锻造包饰系列

设计制作：何然、段松文

创作时间：2017年

传统工艺：藏银锻造

产品：大背包、晚宴包、斜挎包、公文包、钱包、颈环、手环

设计说明：将藏族服饰中用银饰锻造技艺制作的腰带花，和都市女性通勤包做结合设计，采用果洛吉祥暗红色与银饰搭配，给都市时尚生活带来民族风。

《格桑花》藏银锻造包饰系列

支持单位：果洛州玛沁县扶贫开发局

设计制作：何然、段松文

创作时间：2023年

产品：挎包、手包、耳机收纳包、耳饰

设计说明：首次合作研发球形格桑花银饰。尺寸和纹样不同的球形格桑花银饰，成为2023款系列的标志符号。产品适合生活日用和组合搭配，低调奢华，简约有型，从各个角度观赏更显都市时尚感。

《格桑花》藏银锻造皮具鞋履系列

设计制作：何然、段松文、施军燕

创作时间：2018年

传统工艺：藏银锻造

设计说明：小小格桑花既盛开在高原上，也开放在都市生活中。鞋履上用银饰锻造技艺制作的小小格桑花，恰似那恣意绽放的生命之美。

《云上的卓尔柯》藏银锻造牦牛绒鞋靴系列

设计制作：周爱华、索朗当周、段松文

支持品牌：SHEME

创作时间：2018年

传统工艺：藏银锻造、牦牛绒纺织技艺

设计说明："卓尔柯"取自藏语"温暖"的谐音，寓意如牦牛绒般珍贵稀有且温暖舒适。作品为牦牛绒在现代生活中提供了新的应用场景。牛皮硬朗，牦牛绒柔软，既提高了舒适感，又保留了靴鞋帅气硬朗的风格。

《格桑梅朵》藏银锻造服饰系列

设计制作：何然、段松文

创作时间：2018年

传统工艺：藏银锻造

产品：小礼服4套，包、饰品等20余件

设计说明：整套服饰采用潮酷摇滚风，结合银饰锻造技艺制作的格桑花配饰，具有都市时尚感和豪迈民族性格。礼服造型简约利落，飒爽英姿。

吉祥牦牛绒服饰家居系列

牦牛绒和牦牛毛是自然馈赠给牧民的天然保暖材料。牦牛毛用来制作帐篷和地毯，牦牛绒用来制作帽子、服装、碗套、绳鞭等生活用品。果洛的牦牛绒制作技艺保留着古老的加工过程，与牧区传统擀毡技艺相似。中国的青藏高原地区拥有世界上最大的牦牛资源，约占全世界的90%，果洛牦牛绒自然资源十分丰富。

多年来工作站为果洛牧民提供牦牛绒技术提升和设计研发，结合城市毛毡设计技法，如湿毛毡技艺和针毡技艺，创作出色彩斑斓的立体作品，有效提升牦牛绒产品的视觉表现力。牦牛绒的温暖性和透气性很强，经过精梳的牦牛绒手感细腻柔软，适合冬天衣物方面的广泛使用。研发设计有“果洛印象”牦牛绒背包系列、“美妙一刻”牦牛绒温暖家居、“逍遥游”牦牛绒灯具等。

此外，工作站还邀请文创企业为果洛牦牛绒进行设计研发，帮助其对接江苏中孚达等动物毛加工企业进行深度合作，用工业化生产和传统工艺相结合的方式，开辟更多新产品。

《雪域高原》牦牛绒音箱

设计师：施斌、李依蔓

传承人：昂保加关却杰、公保、久迈、洛周尼玛、叁保、格智加、昂青多杰、旦增达杰、次成洛旦、曲军杰、也英、罗让旦增

传统工艺：牦牛绒擀毡技艺

创作时间：2022年

设计说明： 牦牛绒及彩色羊绒构成了音箱网布，透气性和透声性好，羊绒制作形成了天然的抽象艺术画面。

MOUMIA牦牛绒牛角包

指导教师：夏寸草、章莉莉、郑珊珊

设计：魏亮、张怡然、徐倩、陈玉昊

制作：旦增达杰、次成洛旦、昂保加、昂青多杰、格智加、公保、关却杰、久迈、曲军杰、谢日、也英

创作时间：2020年

传统工艺：牦牛绒擀毡技艺

设计说明：用棕色系的果洛牦牛绒制作渐变色斜背包。包包酷似草原上的牦牛头，拥有两只牛角和前刘海。前刘海用宁夏滩羊毛制作，蓬松柔软，幽默感强；背带采用藏族手工编织技艺，可调节长短。

《美妙一刻》牦牛绒温暖家居系列

材料：牦牛绒

工艺：牦牛绒擀毡技艺

产品：斗篷、披肩、拖鞋

品牌：北京美妙一刻（Seegood）

创作时间：2019年

设计说明：用果洛牦牛绒制作牦牛绒线，由江苏中孚达完成制作量产。斗篷上的牦牛绒天珠扣、拖鞋上的藏族流苏等由果洛牧民手工制作而成。

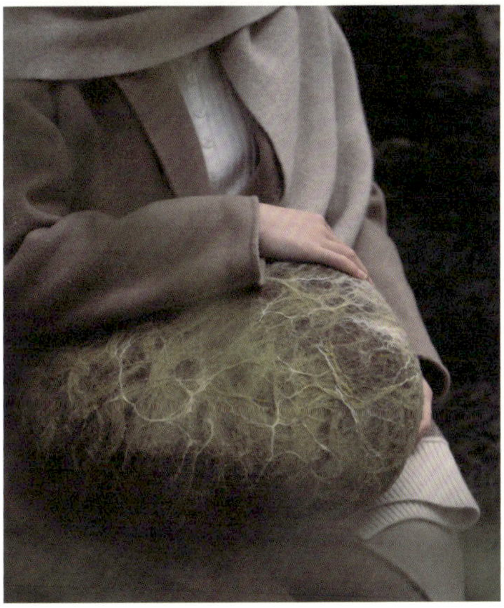

《大地之衣》牦牛绒抱枕

设计指导：夏寸草

设计制作：蔡正语

设计助理：宋欣潼、胡振宏、许凌皓

创作时间：2022年

传统工艺：牦牛绒擀毡技艺

设计说明：将棕色牦牛绒制作大地上的一块石头，这是山川湖泊和森林草原的组成部分，绿色羊绒表现植物。抱枕看似坚硬，实则柔软，表达自然环保理念。

《逍遥游》牦牛绒灯具

设计指导：夏寸草

设计制作：李子明

设计助理：王志强、邹诚昊、丁锴、金盾

创作时间：2022年

传统工艺：牦牛绒擀毡技艺

设计说明：从庄子《逍遥游》获取灵感，用牦牛绒和棉花表达天地间气象万千，自由舒畅，安逸祥和。牦牛绒灯具有着天然的温暖感，置于书案或床头，捧书夜读，逍遥入梦，世间万象归。

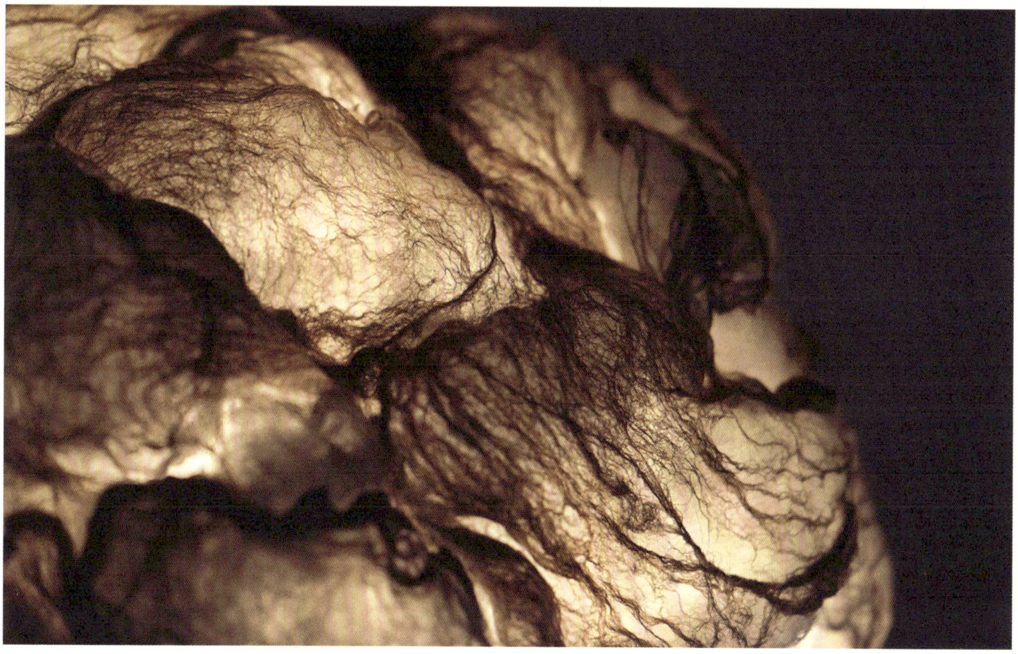

《青藏高原》牦牛绒贝雷帽系列

设计指导：夏寸草

设计制作：蔡正语

创作时间：2022年

传统工艺：牦牛绒擀毡技艺

设计说明：用牦牛绒制作贝雷帽，柔软透气，温暖有型，彩色绒毛表现高原自然地理风貌之美。

班玛黑陶家居系列

2024年，果洛州班玛县文体旅游广电局委托工作站进行班玛黑陶文创产品研发。通过研修教学和创新设计，上海大学为班玛县非遗传承人和牧民们开发了融入当代生活的新型的黑陶花器花盆、咖啡器、零食器、香薰器等，同时解决了班玛黑陶在手工技术上的瓶颈，为果洛传统工艺走向市场提供了支撑，为当地乡村振兴提供了可持续发展的道路。

《无别色》黑陶花器

设计制作：谢格太、夏寸草、崔慧、阙诗佳、陈娃、杨威

传统工艺：藏族黑陶烧制技艺

创作时间：2024年

设计说明：花器造型来源于青海果洛藏族自治州的阿尼玛卿雪山、扎陵湖和鄂陵湖的自然风貌。花器表现高原流动的河水、高耸的雪山和荡漾的湖水，局部采用金箔工艺，展现壮丽神圣之美。

黑陶食器

设计制作：谢格太、陈光辉

传统工艺：藏族黑陶烧制技艺

创作时间：2024年

设计说明：以青海地区马家窑连体罐造型为原型，设计制作朴素好用的黑陶零食器皿。

黑陶手冲咖啡器皿套件

设计制作：谢格太、陈光辉

传统工艺：藏族黑陶烧制技艺

创作时间：2024年

设计说明：以青海地区马家窑器皿风格为特征，设计黑陶咖啡壶、漏斗、杯、碟等器皿，醇厚质朴、结实耐用。

黑陶玛尼堆花盆

设计制作：谢格太、夏寸草、荀骞慧、茅文瑶、蔡韵、冯怡然

传统工艺：藏族黑陶烧制技艺

创作时间：2024年

设计说明：用青海果洛藏族黑陶烧制技艺制作的玛尼堆花盆，可组合堆叠使用，具有祈福平安的含义，泥土采用咖啡渣再利用，为都市生活营造宁静平和的氛围。

《格萨尔英雄史诗》钢笔限量礼盒

非遗项目：格萨尔英雄史诗、班玛马尾钉线绣唐卡制作技艺、德昂洒智藏文书法

非遗传承人：才智、土登伟色、桑格达杰

创作时间：2020年

跨界策划：章莉莉

视觉设计：杨李叶、何洲涛

研发单位：上海市公共艺术协同创新中心、上海东浩兰生集团

设计说明：格萨尔英雄史诗被列为联合国教科文组织“人类非遗代表作名录”，是古代藏族民间文化与口头叙事传统的最高成就之一。工作站携手上海老字号“英雄钢笔”推出限量礼盒，帮助格萨尔文化得到有效传承。

钢笔为黑金色，在黑色笔身上金色的英雄格萨尔王更显英姿飒爽，特制的钢笔笔夹，犹如格萨尔王手持的长矛，线条造型刚劲锋利。笔身和包装上的格萨尔王形象，是由果洛班玛马尾钉线绣唐卡制作技艺省级传承人土登伟色绘制；笔身和包装上的“英雄格萨尔”藏文，是由德昂洒智藏文书法国家级传承人桑格达杰书写。这款钢笔集合了果洛三项非遗项目。

果洛风情表情包

策划：章莉莉

设计：王一哲

时间：2021年

设计说明：采用雪山湖泊草原、牦牛经幡帐篷、藏族男女青年等形象，创作16个果洛风情表情包，有效提升民族文化认同感和自信心。截至2025年1月，表情包下载量1.3余万，累计发送47.4万余次，积极推动了果洛和上海的文化交流。

英雄 HERO
PACC

格萨尔英雄史诗
钢笔套装
英雄 HERO
PACC

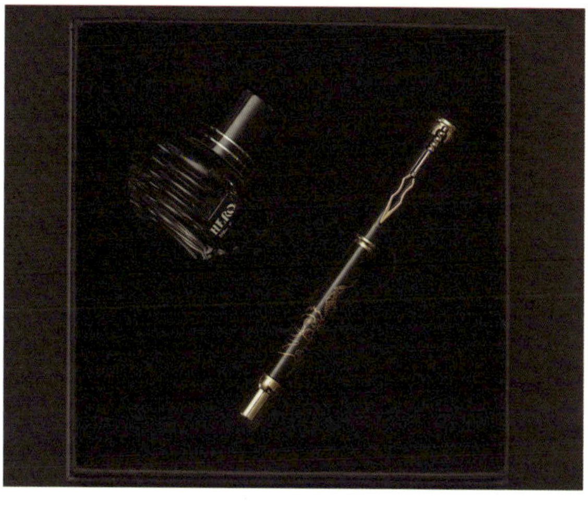
HERO

上海非遗研培高校成果

自2015年以来，上海共有7所高校参与非遗研培计划，形成了一支在全国来讲实力雄厚的非遗研培教学队伍。除上海大学之外，还有同济大学、东华大学、上海视觉艺术学院、上海工艺美术职业学院，都为非遗传承人提供设计研发的教学和支持。

同济大学以产品设计为特长，为传承人提供现代设计理念和方法教育。东华大学以纺织类、服装类非遗项目教学为特长，重点在刺绣类、制造类非遗项目的培训和研发上。上海视觉艺术学院以品牌理念为特长，从品牌创意、运营、管理等视角为传承人提供培训和研发辅导。上海工艺美术职业学院以传统技艺提升为特色，注重技艺本身的提升和交流。

另外，华东师范大学从民俗学和人类学专业领域为非遗传承人提供教学，上海戏剧学院为木偶戏和皮影戏等传统戏剧类非遗传承人提供教育服务。“十三五”期间，上海非遗研培孵化的新成果丰富多元。文化和旅游部非遗司于2018年在北京恭王府博物馆举办了非遗研培优秀成果展（上海专场），在非遗保护领域引起关注和获得认可。

《活字光引》漆器活字烛台

传统工艺：手绘推光漆

设计制作：朱爱义

指导教师：宋善威

创作时间：2023年

创作单位：同济大学设计创意学院

研发项目：漆艺创新设计研修班

设计说明：烛台采用手绘推光漆传统手工制作，高低自由组合的造型来源于中国活字印刷，具有艺术魅力和现代时尚感。摇曳的烛光营造出温馨氛围，还寓意指明方向，象征着希望与引导。作品旨在以创新方式传承古老文化，让传统艺术在现代生活中焕发新光彩。

《素迦流光》彝族编织服饰系列

传统工艺：彝族编织

指导教师：沈叶

设计制作：王慧

创作时间：2021年

创作单位：上海工艺美术职业学院

设计说明：采用彝族传统编织技艺，融入多种面料和纹样，设计四套纯白服饰，素净夺目，既传统又当代，既有民族性又具国际性。

《祥龙运涨》木梳

传统工艺：东阳木梳、罗泾十字挑花技艺

设计制作：陈浩归、郑晓蓉

创作时间：2023年

创作单位：上海视觉艺术学院

研发项目：2023年国潮·数字化非遗品牌智造研修班

《佤鼓织梦》咖啡杯

传统工艺：佤族织锦

设计制作：李宪兰

创作时间：2023年

创作单位：上海视觉艺术学院

研发项目：2024年国潮·数字化非遗品牌智造研修班

三、上海品牌企业非遗跨界新格局

“十三五”期间，开始有品牌将非遗代表性项目融入营销战略，以塑造企业的东方文化形象和社会责任感。其中较早的有2015年植村秀的羌绣限量版洁颜油，2015年佰草集的京绣限量礼盒，2018年花西子的“苗族印象”苗族银饰锻造高定彩妆系列等，都获得了很好的社会关注度。特别是花西子苗族银饰锻造彩妆系列，在国内外引发热议，传统文化让中国彩妆品牌找到了自己的道路。

进入“十四五”期间，随着国潮国货日益兴起，越来越多的品牌战略开始从流行文化转向传统文化，从西方文化转向东方文化。品牌企业集体介入非遗跨界合作领域，成为一个现象级事件，为非遗融入现代生活提供了快速通道。例如，霸王茶姬与烟花火龙、南通蓝印花布、苗绣、长沙窑铜官陶瓷烧制技艺跨界合作，喜茶与苗银制作技艺跨界合作，野兽派与徐行草编、永康锡雕、崇明土布纺织技艺等跨界合作，薇诺娜与云南甲马、彝绣跨界合作，欧诗漫与珠绣、珍珠养殖技术跨界合作，维达与白族扎染跨界合作，潘婷与发绣跨界合作，泡泡玛特推出古法错金技艺制作的特别纪念款潮玩等。此外，回力球鞋启动“非遗100”运动时尚球鞋计划、携程每年在中国传统节日推出区域性非遗主题纪念礼盒等，已将非遗跨界作为品牌可持续发展的战略计划。

与此同时，仅在2024年，就有十余个知名国际品牌纷纷与中国非遗项目跨界合作。例如，罗意威在春节推出与玉雕大师合作的手拿包系列；路易·威登在中秋节推出陕西旬邑彩贴剪纸礼盒；纪梵希邀请龙鳞装非遗传承人等，共同创作推出黄历·龙鳞卷；宝格丽经典格纹与竹编工艺产生共鸣，推出竹编艺术装置及宣传片；香奈儿杭州大秀以嘉柏丽尔·香奈儿钟爱的乌木漆面屏风为灵感展开；SK-II推出用传统陶瓷修复工艺中的金缮工艺为设计灵感的LXP匠心系列等。此外，星巴克近年来前后在北京、上海和苏州，开设了非遗主题概念店等，有效地增强了品牌的在地化文化特色。

近年来，在非遗跨界中最具代表性的上海品牌有佰草集、霸王茶姬、野兽派等。它们将传统文化元素融入品牌基因，更好地吸引年轻消费群体，以建立品牌的东方文化形象。

野兽派作为上海的知名艺术生活品牌，与多种非遗跨界联名合作，逐渐出圈并获得更多文化关注和品牌价值。2023年携手云南彝绣推出端午香囊，携手上海本地徐行草编推出艾蒿香氛系列，传递手工的温暖与爱意，兼具传统文化与时尚。2024年夏季，携手永康锡雕推出锡雕闻香罐和锡雕小乌龟作品，携手崇明土布纺织技艺推出长寿乌龟手工香囊和美好人参手工香囊。

佰草集作为上海家化于1998年建立的高端护肤品牌，致力于将中国传统本草文化和现代科技相结合，通过创新设计和非遗合作项目，推动传统文化的传承与发展。2015年，佰草集首次跨界联合京绣非遗项目。2018年，佰草集推出以花丝镶嵌技艺为设计灵感的御·五行焕肌系列。2019年，佰草集联合中国五大非遗传承人，推出融合金箔、苏绣、云锦、京绣、花丝五项非遗的“非遗锦绣礼盒”。

自2019年起，我们在非遗传承与创新设计的教学研发工作的同时，也尝试了一系列品牌与非遗跨界项目的策划设计，获得了很好的社会影响和销售反馈。目前策划推进的非遗跨界项目有华硕电脑和荣昌夏布项目、凤凰自行车和遵义藤编跨界项目、哈氏糕点和赤水竹编跨界项目、野兽派和彝绣香包跨界项目、古驰旗舰店与南京云锦项目等，引发了品牌与非遗跨界的关注和催生了各种可能性。2024年启动的回力球鞋“非遗100”创新项目，将持续三年进行研发，对中国年轻人于自身文化的理解产生更为深远的影响。2025年，受佰草集品牌的委托，我们策划了佰草集与德化白瓷跨界项目，把德化白瓷创作融入“新七白方”草本护肤配方的包装设计中，阐释了中国人对于“中国白”肌肤的审美理念。

佰草集非遗跨界项目

佰草集（Herborist）是上海家化联合股份有限公司旗下的高端中草药护肤品牌。品牌传承中国本草养肤智慧，以中草药护肤配方为核心，在传承中国传统文化的同时，融入现代护肤技术和生活美学理念，目前已启动多项非遗跨界融合项目，打造东方传统文化美妆品牌。

佰草集御·五行焕肌系列

时间：2018年

传统工艺：花丝镶嵌技艺

跨界说明：与花丝镶嵌技艺传承人杜建毅合作，用细如发丝的金丝制作气韵生动的百草团花纹，辅以宫廷传承技艺细细打磨，表达了佰草集在护肤功效上追求卓越的品质。在产品包装上同样采用百草团花纹，表达佰草集汉方古韵的东方韵美。

佰草集新七白美白透亮白泥面膜

时间：2025年

传统工艺：德化白瓷

跨界说明：从源自古籍的七白方出发，以温润如玉的德化白瓷，展现新七白方的七种本草植物配方，由内而外，养出白而细腻，白而透亮，白而长久的“中国白”。邀请德化白瓷烧制技艺传承人郑燕婷，创作新七白方的艺术瓷花、礼赠花和包装浮雕，为产品建立传统文化内核。

野兽派非遗跨界项目

野兽派（BEAST）作为知名艺术生活方式品牌，近年来通过与多项非遗项目跨界合作，成功地将传统文化与现代设计融合，推出了多款具有文化内涵和艺术价值的产品。

野兽派艾蒿香氛系列

推出时间：2023年端午节

传统工艺：云南彝绣

跨界说明：野兽派携手云南彝绣，推出定制版端午香囊。香囊通过传统刺绣与现代香氛相结合，采用把边绣、平绣和打籽绣三种针法，表现寓意繁荣吉祥的纹样，传递传统文化的魅力。

野兽派夏安香氛系列

推出时间：2024年夏季

传统工艺：崇明土布纺织技艺

跨界说明：推出“长寿乌龟”手工香囊和“美好人参”手工香囊，由木棉花开手工社制作。从一朵棉花、到一根纱线、到一匹土布、到一个香囊，需要多个复杂的工序。

野兽派艾蒿香氛系列

推出时间：2023年端午节

传统工艺：徐行草编

跨界说明：徐行草编编织的艾蒿香氛系列，传递温暖与爱意，包括花篮、草包、挂件等6件香氛系列产品。运用徐行草编的打结、三绞编、三叉编、绞编等技法，形成黄绿相间的局部镂空纹样，兼具传统与时尚。

野兽派生命之木香氛系列

推出时间：2023年

传统工艺：潮州木雕

跨界说明：邀请潮州木雕非遗传承人陈嘉正及其家人，共同定制潮州木雕香氛器物，镂空木雕以海浪、螃蟹、鱼篓等为主体，栩栩如生，生动鲜活。

凤凰非遗跨界项目

凤凰自行车源于1897年中国第一家自行车车行同昌车行。自1959年凤凰商标注册起，拥有全球近2亿消费者。2006年被商务部授予首批“中华老字号企业”，2010年进行体制改革，凤凰自行车成为中国的民族名牌，象征时尚和吉祥的凤凰，不断创造辉煌。

《一路欢歌》藤编篮自行车

非遗项目：遵义藤编

合作研发：上海市公共艺术协同创新中心、凤凰自行车

非遗策划：章莉莉、徐力

非遗传承人：遵义藤编非遗传承人马毅

创作时间：2019年

跨界说明：藤编篮自行车充满田园气息。前车篮和后尾包采用遵义藤编制作，美观实用，藤条质地坚韧，色泽光润。藤编篮为遵义地区藤编从业者提供了订单，为当地传统工艺振兴提供上海品牌合作平台。

哈氏非遗跨界项目

哈氏糕点是上海哈尔滨食品厂的标志性产品，拥有独特的海派风味和精湛的制作工艺。2024年哈氏海派糕点制作技艺被列入第七批上海市非遗代表性项目名录。产品有杏桃排、蝴蝶酥、杏仁糕、西番尼等，是上海特色伴手礼。

《竹报平安》赤水竹编哈氏糕点礼盒

非遗项目：赤水竹编、哈氏海派糕点制作技艺

研发单位：上海市公共艺术协同创新中心、上海哈尔滨食品厂

非遗策划：章莉莉

视觉设计：刁秋宇、杨李叶

非遗传承人：卢华英

创作时间：2020年

跨界说明：手工糕点搭配小巧美观的赤水竹编篮，古朴风雅，令人爱不释手。竹编篮可重复利用，实用性强。竹编篮包装为赤水地区竹编从业者提供了订单，为当地传统工艺振兴提供上海品牌合作平台。

SHANGHAI SPECIAL TIES TIME-HONORED BRAND
INTANGIBLE CULTURAL HERITAGE
PEACE HAPPINESS & GOOD LUCK
WEAVE MEMORIES OF CHILDHOOD
上海老字號
點點心意 編織童年
竹报平安
非遺
赤水竹編
老字號
SHANG HAI
蝴蝶酥
Butterfly puff pastry
竹報平安
上海老字號
赤水竹編
特性

竹报平安
PEACE HAPPINESS & GOOD LUCK

回力非遗跨界项目

回力是中国历史悠久的运动品牌，创立于1927年。作为中国最早的运动品牌之一，回力凭借其经典的设计、耐用的品质以及亲民的价格，深受消费者喜爱。近年来，回力不断创新，推出了多款融合现代设计与传统文化的产品，致力于将经典品牌与时尚潮流相结合。

回力球鞋“非遗100”创新球鞋

品牌企业：上海回力鞋业有限公司

研发单位：上海大学上海美术学院

跨界说明：2024年回力鞋业启动“中国非遗传承与活化”运动潮流品牌创新研发项目，与上海大学上海美术学院共同合作研发。将100项中国传统非遗与时尚运动产品进行融合与创新设计，以传统非遗与设计产业、时尚品牌互相赋能，探索提升传统非遗活态性的新路径。2024年在世界设计之都大会上发布第一轮研发成果。

项目策划：张晓俊

非遗跨界指导：章莉莉

项目总负责：宋天颐

制作总负责：金激

Strong之力——壮族织锦创新运动鞋设计

设计师：宋天颐

隐竹入夏——东阳竹编创新运动鞋设计

作者：设计师阙诗佳、非遗传承人何红兵

碟舞云锦——南京云锦创新运动鞋设计

作者：宋天颐

织影——崇明土布创新运动鞋设计
作者：设计师孟婉笛、非遗传承人宋荣耀

艾绸华章——艾德莱斯创新运动鞋设计
作者：宋天颐

锦绣侗风——侗锦织造创新运动鞋设计
设计师：宋天颐

佤韵部——佤族织锦创新运动鞋设计
作者：设计师郑婷芮、非遗传承人李宪兰

阿福阿喜——惠山泥塑创新运动鞋设计
作者：杜知非

黎生织忆——黎族织锦创新运动鞋设计
作者：宋天颐

鱼回福至——赫哲族鱼皮创新运动鞋设计
作者：设计师王跃畅、非遗传承人张琳

回云上——阿坝羌绣创新运动鞋设计
作者：设计师成章、非遗传承人张居悦

附录　上海市非遗代表性项目十大门类清单

表1　民间文学类非遗代表性项目清单（共计20项）

序号	非遗代表性项目名称	项目级别	批次/时间	所属区/单位
1	沪谚	国家级	第一批（2007）	闵行区
2	吴歌	国家级	第一批（2007）	青浦区
3	白杨村山歌	市级	第一批（2007）	奉贤区
4	浦东地区哭嫁哭丧歌	市级	第一批（2007）	浦东新区
5	沪上闻人名宅掌故与口碑	市级	第一批（2007）	徐汇区
6	上海花样经	市级	第一批（2007）	杨浦区
7	崇明山歌	国家级	第二批（2009）	崇明区
8	新浜山歌	市级	第三批（2011）	松江区
9	杨瑟严的故事	市级	第三批（2011）	崇明区
10	萧泾寺传说	市级	第四批（2013）	宝山区
11	小刀会传说	市级	第四批（2013）	青浦区
12	上海绕口令	市级	第四批（2013）	徐汇区
13	川沙民间故事	市级	第五批（2015）	浦东新区
14	淀山湖传说	市级	第五批（2015）	青浦区
15	崇明俗语	市级	第五批（2015）	崇明区
16	曹路民间故事	市级	第六批（2019）	浦东新区
17	上海田山歌	市级	第四批（2013）	金山区
18	灯谜	市级	第七批（2024）	浦东新区
19	灯谜	市级	第七批（2024）	嘉定区
20	上海童谣	市级	第七批（2024）	市属

表2　传统音乐类非遗代表性项目清单（共计34项）

序号	非遗代表性项目名称	项目级别	批次/时间	所属区/单位
1	江南丝竹	国家级	第一批（2007）	市属
2~10	江南丝竹	市级	第一批（2007）	闵行区、长宁区、杨浦区、嘉定区、崇明区、浦东新区、徐汇区、普陀区、奉贤区
11~12	江南丝竹	市级	第二批（2009）	宝山区、青浦区
13	江南丝竹	市级	第七批（2024）	徐汇区
14~15	上海港码头号子	国家级	第一批（2007）	浦东新区、杨浦区
16~17	上海道教音乐	国家级	第一批（2007）	黄浦区、嘉定区
18	二胡艺术（江南孙氏二胡艺术）	国家级	第一批（2007）	奉贤区
19	泗泾十锦细锣鼓	国家级	第一批（2007）	松江区
20	琵琶艺术（瀛洲古调派）	国家级	第一批（2007）	崇明区
21	琵琶艺术（浦东派）	国家级	第一批（2007）	浦东新区

22	海派锣鼓	市级	第一批（2007）	宝山区
23	海派锣鼓	市级	第四批（2013）	市属
24	华漕小锣鼓	市级	第二批（2009）	闵行区
25	古琴艺术	市级	第三批（2011）	市属
26	古琴艺术	市级	第四批（2013）	市属
27~28	古琴艺术	市级	第七批（2024）	徐汇区、杨浦区
29	上海玉佛禅寺 传统梵呗艺术	市级	第三批（2011）	普陀区
30	崇明吹打乐	市级	第三批（2011）	崇明区
31	浦东山歌	市级	第四批（2013）	浦东新区
32	上海工人大锣鼓	市级	第四批（2013）	杨浦区
33	浙派古筝艺术	市级	第五批（2015）	市属
34	竹笛艺术	市级	第七批（2024）	市属

表3　传统舞蹈非遗代表性项目清单（共计14项）

序号	非遗代表性项目名称	项目级别	批次/时间	所属区/单位
1	奉贤滚灯	国家级	第一批（2007）	奉贤区
2	马桥手狮舞	国家级	第一批（2007）	闵行区
3	舞草龙	国家级	第一批（2007）	松江区
4	浦东绕龙灯	国家级	第一批（2007）	浦东新区
5	卖盐茶	市级	第一批（2007）	浦东新区
6	花篮马灯舞	市级	第二批（2009）	松江区
7	打莲湘	市级	第二批（2009）	金山区
8	打莲湘	市级	第二批（2009）	浦东新区
9	民间信俗（小白龙信俗）/ 吕巷小白龙	国家级	第三批（2011）	金山区
10	花篮灯舞	市级	第三批（2011）	浦东新区
11	调狮子	市级	第三批（2011）	崇明区
12	腰鼓	市级	第四批（2013）	金山区
13	鲤鱼跳龙门	市级	第四批（2013）	闵行区
14	打莲湘	市级	第五批（2015）	奉贤区

表4　传统戏剧非遗代表性项目清单（共计18项）

序号	非遗代表性项目名称	项目级别	批次/时间	所属区/单位
1	昆曲	国家级	第一批（2007）	市属
2	京剧	国家级	第一批（2007）	市属
3	越剧	国家级	第一批（2007）	市属
4	沪剧	国家级	第一批（2007）	市属
5	沪剧	市级	第一批（2007）	长宁区
6	沪剧	市级	第五批（2015）	宝山区

7~8	沪剧	市级	第六批（2019）	浦东新区川沙新镇、浦东新区宣桥镇
9	淮剧	国家级	第一批（2007）	松江区
10	越剧	市级	第一批（2007）	崇明区
11~12	皮影戏	市级	第一批（2007）	宝山区
13	皮影戏	市级	第二批（2009）	青浦区
14	皮影戏	市级	第四批（2013）	徐汇区
15	奉贤山歌剧	市级	第一批（2007）	浦东新区
16	扁担戏	市级	第一批（2007）	青浦区
17	滑稽戏	国家级	第二批（2009）	市属
18	海派木偶戏	国家级	第二批（2009）	市属

表5 曲艺非遗代表性项目清单（共计10项）

序号	非遗代表性项目名称	项目级别	批次/时间	所属区/单位
1	锣鼓书	国家级	第一批（2007）	浦东新区
2	评弹	国家级	第一批（2007）	市属
3	评弹	市级	第五批（2015）	市属
4	浦东说书	国家级	第一批（2007）	浦东新区
5	独脚戏	国家级	第一批（2007）	黄浦区
6	浦东宣卷	国家级	第四批（2013）	浦东新区
7	宣卷	市级	第一批（2007）	青浦区
8	宣卷	市级	第二批（2009）	闵行区
9	上海说唱	市级	第三批（2011）	徐汇区
10	上海说唱	市级	第五批（2015）	浦东新区

表6 传统体育、游艺与杂技非遗代表性项目清单（共计24项）

序号	非遗代表性项目名称	项目级别	批次/时间	所属区/单位
1	精武武术	国家级	第一批（2007）	虹口区
2	鸟哨	市级	第一批（2007）	浦东新区
3	鸟哨	市级	第三批（2011）	崇明区
4	耍石担石锁	市级	第一批（2007）	静安区
5	摇快船	市级	第一批（2007）	青浦区
6	练功十八法	市级	第二批（2009）	市属
7	海派杂技	市级	第二批（2009）	市属
8	海派魔术	市级	第二批（2009）	浦东新区
9	绵拳	国家级	第三批（2011）	杨浦区
10	益智图	市级	第三批（2011）	崇明区
11	船拳	市级	第四批（2013）	青浦区
12	心意拳（卢式心意拳）	国家级	第五批（2015）	普陀区
13	太极拳（吴氏太极拳）	国家级	第五批（2015）	市属

14	太极拳	市级	第五批（2015）	浦东新区
15~16	太极拳	市级	第六批（2019）	徐汇区、浦东新区
17	打花棍	市级	第五批（2015）	静安区
18	八卦掌	市级	第六批（2019）	市属
19~20	形意拳	市级	第六批（2019）	徐汇区、松江区
21	查拳	市级	第六批（2019）	市属
22	华拳	市级	第七批（2024）	浦东新区
23	风筝制作与放飞技艺	市级	第七批（2024）	杨浦区
24	绵拳	市级	第七批（2024）	嘉定区

表7 传统美术非遗代表性项目清单（共计74项）

序号	非遗代表性项目名称	项目级别	批次/时间	所属区/单位
1	徐行草编	国家级	第一批（2007）	嘉定区
2	顾绣	国家级	第一批（2007）	松江区
3	顾绣	市级	第七批（2024）	嘉定区
4	嘉定竹刻	国家级	第一批（2007）	嘉定区
5	黄杨木雕	国家级	第一批（2007）	徐汇区
6	上海剪纸	国家级	第一批（2007）	徐汇区
7	上海剪纸	市级	第一批（2007）	市属
8~9	上海剪纸	市级	第二批（2009）	黄浦区、闵行区
10	上海剪纸	市级	第四批（2013）	松江区
11	上海剪纸	市级	第五批（2015）	长宁区
12	上海剪纸	市级	第六批（2019）	虹口区
13	上海面人赵	国家级	第一批（2007）	市属
14~15	面塑	市级	第六批（2019）	杨浦区、长宁区
16	上海灯彩	国家级	第一批（2007）	黄浦区
17	上海灯彩	市级	第一批（2007）	市属
18	连环画	市级	第一批（2007）	徐汇区
19	连环画	市级	第四批（2013）	徐汇区
20~21	连环画	市级	第五批（2015）	市属上海人民美术出版社、 市属上海海派连环画中心
22	农民画（金山农民画）	市级	第一批（2007）	金山区
23	农民画（西郊农民画）	市级	第五批（2015）	长宁区
24~25	灶花	市级	第一批（2007）	浦东新区、崇明区
26	奉贤乡土纸艺	市级	第一批（2007）	奉贤区
27	罗店彩灯	市级	第一批（2007）	宝山区
28	吹塑纸版画	市级	第一批（2007）	宝山区
29	石雕	市级	第一批（2007）	浦东新区
30	石雕	市级	第三批（2011）	长宁区
31	石雕	市级	第四批（2013）	普陀区
32	月份牌年画	市级	第二批（2009）	静安区

33	月份牌年画	市级	第三批（2011）	市属
34	紫檀雕刻	国家级	第二批（2009）	市属
35	紫檀雕刻	市级	第五批（2015）	市属
36	海派玉雕	国家级	第二批（2009）	市属
37	海派玉雕（水晶雕刻）	市级	第四批（2013）	普陀区
38	海派玉雕（琥珀雕刻）	市级	第五批（2015）	市属
39	海派玉雕（琥珀雕刻）	市级	第六批（2019）	市属
40	象牙篾丝编织	市级	第二批（2009）	静安区
41	上海绒绣	国家级	第二批（2009）	上海黎辉绒绣文化发展有限公司
42~44	上海绒绣	市级	第二批（2009）	上海市浦东新区高桥镇文化服务中心、市属上海工艺美术有限公司工艺美术研究所、市属恒源祥（集团）有限公司
45	棕榈叶编织	市级	第二批（2009）	杨浦区
46	建筑微雕	市级	第二批（2009）	杨浦区
47	上海宣传画	市级	第三批（2011）	市属
48	烙画	市级	第三批（2011）	青浦区
49~50	上海细刻	市级	第三批（2011）	市属、闵行区
51	海派紫砂艺术	市级	第三批（2011）	市属
52	海派紫砂艺术	市级	第七批（2024）	市属
53	印章艺术雕刻	市级	第三批（2011）	市属
54	瓷刻	市级	第三批（2011）	浦东新区
55	瓷刻	市级	第四批（2013）	普陀区
56	奉城木雕	市级	第三批（2011）	奉贤区
57	木雕	市级	第七批（2024）	奉贤区
58	上海砚刻	市级	第四批（2013）	市属
59	海派瓷艺	市级	第四批（2013）	普陀区
60	海上书法	市级	第五批（2015）	市属
61	上海牙雕	市级	第五批（2015）	市属
62	帛画	市级	第五批（2015）	市属
63	海派盆景技艺	市级	第五批（2015）	浦东新区
64	海派盆景技艺	市级	第七批（2024）	徐汇区
65	微型明清家具制作技艺	市级	第五批（2015）	浦东新区
66	根雕	市级	第六批（2019）	市属
67	根雕	市级	第六批（2019）	长宁区
68~69	琉璃烧制技艺	市级	第六批（2019）	黄浦区、奉贤区
70	海派插花	市级	第六批（2019）	市属
71~72	上海丝绣	市级	第七批（2024）	市属上海工艺美术有限公司工艺美术研究所、长宁区上海善霖商务咨询有限公司
73	蛋雕	市级	第七批（2024）	长宁区
74	水印版画	市级	第七批（2024）	青浦区

表 8 传统技艺非遗代表性项目清单（共计 161 项）

序号	非遗代表性项目名称	项目级别	批次/时间	所属区/单位
1	乌泥泾手工棉纺织技艺	国家级	第一批（2007）	徐汇区
2	朵云轩木版水印技艺	国家级	第一批（2007）	市属
3	老凤祥金银细工制作技艺	国家级	第一批（2007）	黄浦区
4	杏花楼广式月饼制作技艺	市级	第一批（2007）	黄浦区
5	培罗蒙奉帮裁缝技艺	国家级	第一批（2007）	黄浦区
6	亨生奉帮裁缝技艺	国家级	第一批（2007）	静安区
7	鼎丰乳腐酿造工艺	市级	第一批（2007）	奉贤区
8	南翔小笼馒头制作技艺	市级	第一批（2007）	黄浦区
9	南翔小笼馒头制作技艺	国家级	第一批（2007）	嘉定区
10	功德林素食制作技艺	国家级	第一批（2007）	黄浦区
11	绿杨村川扬菜点制作工艺	市级	第一批（2007）	静安区
12	凯司令蛋糕制作技艺	市级	第一批（2007）	静安区
13	海派旗袍制作技艺	市级	第一批（2007）	市属
14	海派旗袍制作技艺	市级	第一批（2007）	徐汇区
15	钱币生产的手工雕刻技艺	市级	第一批（2007）	普陀区
16	钩针编织技艺	市级	第一批（2007）	闵行区
17	印泥制作技艺 （鲁庵印泥制作技艺）	国家级	第一批（2007）	静安区
18	印泥制作技艺 （潜泉印泥制作技艺）	市级	第二批（2009）	黄浦区
19	中式服装制作技艺 （中式女装制作技艺）	市级	第一批（2007）	静安区
20	中式服装制作技艺 （中式女装制作技艺）	市级	第六批（2019）	市属
21	中式服装制作技艺 （中式男装制作技艺）	市级	第六批（2019）	市属
22	钱万隆酱油酿造技艺	国家级	第一批（2007）	浦东新区
23	王家沙本帮点心制作技艺	市级	第一批（2007）	静安区
24	三林刺绣技艺	市级	第一批（2007）	浦东新区
25	罗泾十字挑花技艺	市级	第一批（2007）	宝山区
26	上海黄酒传统酿造技艺	市级	第一批（2007）	市属
27	枫泾丁蹄制作技艺	市级	第一批（2007）	金山区
28	高桥松饼制作技艺	市级	第一批（2007）	浦东新区
29	羊肉加工技艺 （真如羊肉加工技艺）	市级	第一批（2007）	普陀区
30	羊肉加工技艺 （江桥羊肉加工技艺）	市级	第三批（2011）	嘉定区
31	马陆篾竹编织技艺	市级	第一批（2007）	嘉定区
32	龙凤旗袍手工制作技艺	国家级	第一批（2007）	静安区
33	石库门里弄建筑营造技艺	国家级	第二批（2009）	黄浦区
34	五香豆制作技艺	市级	第二批（2009）	黄浦区

35	梨膏糖制作技艺 （上海梨膏糖制作技艺）	国家级	第二批（2009）	黄浦区
36	郁金香酒酿造技艺	市级	第二批（2009）	嘉定区
37	崇明老白酒传统酿造技法	市级	第二批（2009）	崇明区
38	三阳泰糕点制作技艺	市级	第二批（2009）	浦东新区
39	酱菜制作技艺 （涵大隆酱菜制作技艺）	市级	第二批（2009）	青浦区
40	酱菜制作技艺 （崇明甜包瓜制作技艺）	市级	第五批（2015）	崇明区
41	酱菜制作技艺 （草头盐齑制作技艺）	市级	第五批（2015）	崇明区
42	汉字印刷字体书写技艺	市级	第二批（2009）	市属
43	周虎臣毛笔制作技艺	国家级	第二批（2009）	黄浦区
44	曹素功墨锭制作技艺	市级	第二批（2009）	黄浦区
45	土山湾手工工艺	市级	第二批（2009）	徐汇区
46	海派绒线编结技艺	市级	第二批（2009）	黄浦区
47	海派绒线编结技艺	市级	第二批（2009）	市属
48	海派绒线编结技艺	市级	第五批（2015）	黄浦区
49	上海民族乐器制作技艺	国家级	第二批（2009）	闵行区
50	传统戏曲服装制作技艺	市级	第二批（2009）	奉贤区
51	传统戏曲服装制作技艺	市级	第五批（2015）	长宁区
52	传统戏曲服装制作技艺	市级	第五批（2015）	市属
53	中式服装盘扣制作技艺	市级	第二批（2009）	徐汇区
54	土布染织技艺	市级	第二批（2009）	奉贤区
55	土布染织技艺	市级	第三批（2011）	青浦区
56~57	土布染织技艺	市级	第五批（2015）	金山区、崇明区
58	土布染织技艺	市级	第六批（2019）	金山区
59	药斑布印染技艺	市级	第二批（2009）	嘉定区
60	手工织带技艺	市级	第二批（2009）	浦东新区
61	法华牡丹嫁接技艺	市级	第二批（2009）	长宁区
62~63	古陶瓷修复技艺	国家级	第三批（2011）	市属上海博物馆、长宁区上海高古陶瓷修复有限公司
64	老正兴本帮菜肴传统烹饪技艺	市级	第三批（2011）	黄浦区
65	上海老饭店本帮菜肴传统烹饪技艺	国家级	第三批（2011）	黄浦区
66	本帮菜肴传统烹饪技艺	市级	第三批（2011）	浦东新区
67	本帮菜肴传统烹饪技艺	市级	第六批（2019）	市属
68	本帮菜肴传统烹饪技艺 （宝山鮰鱼烹饪技艺）	市级	第六批（2019）	宝山区
69	本帮菜肴传统烹饪技艺 （金山堰菜烹饪技艺）	市级	第六批（2019）	金山区
70	本帮菜肴传统烹饪技艺 （徐泾汤炒烹饪技艺）	市级	第六批（2019）	青浦区
71	小绍兴白斩鸡制作技艺	市级	第三批（2011）	黄浦区
72	神仙酒传统酿造技艺	市级	第三批（2011）	奉贤区

73	上海米糕制作技艺	市级	第三批（2011）	松江区
74~76	上海米糕制作技艺	市级	第五批（2015）	闵行区、金山区、崇明区
77	上海米糕制作技艺	市级	第六批（2019）	嘉定区
78	国际饭店京帮点心制作技艺	市级	第三批（2011）	市属
79~81	古琴斫制技艺	市级	第四批（2013）	市属上海市收藏协会、市属上海音乐学院、市属上海七弦古琴文化发展基金会
82	漆器制作技艺	市级	第四批（2013）	闵行区
83	木牛流马制作技艺	市级	第四批（2013）	长宁区
84	王宝和蟹宴烹饪技艺	市级	第四批（2013）	黄浦区
85	永青假发制作技艺	市级	第四批（2013）	黄浦区
86	兰花栽培技艺	市级	第四批（2013）	浦东新区
87	赵家花园菊花种植技艺	市级	第四批（2013）	普陀区
88	碑刻传拓及拓片装裱技艺	市级	第五批（2015）	市属
89	青铜器修复及复制技艺（上海青铜器修复技艺）	国家级	第五批（2015）	市属
90	犀皮髹饰工艺	市级	第五批（2015）	市属
91	金银玉石镶嵌技艺	市级	第五批（2015）	市属
92	传统建筑营造和装饰技艺	市级	第五批（2015）	市属
93	传统家具制作技艺（海派家具制作技艺）	市级	第五批（2015）	市属
94	传统家具制作技艺（明清家具榫卯制作技艺）	市级	第五批（2015）	市属
95	传统家具制作技艺	市级	第六批（2019）	市属
96	传统木结构营造技艺	市级	第五批（2015）	市属
97	传统木结构营造技艺（宝山寺木结构营造技艺）	市级	第六批（2019）	宝山区
98	涅金彩塑	市级	第五批（2015）	市属
99	传统铜香炉铸造技艺	市级	第五批（2015）	市属
100	錾刻技艺	市级	第五批（2015）	徐汇区
101	古书画装裱修复技艺	市级	第五批（2015）	徐汇区
102	古书画装裱修复技艺	市级	第六批（2019）	市属
103	古船模型制作技艺	市级	第五批（2015）	浦东新区
104	沉香香品制作技艺	市级	第五批（2015）	徐汇区
105	香囊制作技艺	市级	第五批（2015）	杨浦区
106	风筝制作技艺	市级	第五批（2015）	奉贤区
107	箭具制作技艺	市级	第五批（2015）	青浦区
108	老大同香糟制作技艺	市级	第五批（2015）	黄浦区
109	乔家栅糕点制作技艺	市级	第五批（2015）	徐汇区
110	下沙烧卖制作技艺	市级	第五批（2015）	浦东新区
111	清真菜点制作技艺	市级	第五批（2015）	杨浦区
112	精制花茶制作技艺	市级	第五批（2015）	嘉定区
113	青团制作技艺	市级	第五批（2015）	奉贤区
114	古代家具修复技艺	市级	第六批（2019）	市属

115	古籍修复技艺	市级	第六批（2019）	市属上海图书馆（上海科学技术情报研究所）
116	古籍修复技艺	市级	第六批（2019）	市属上海博物馆
117	珂罗版书画复制技艺	市级	第六批（2019）	市属
118	蜡笺制作技艺	市级	第六批（2019）	市属
119~120	江南园林营造技艺	市级	第六批（2019）	市属上海建工集团股份有限公司、市属上海阮仪三城市遗产保护基金会
121	玫瑰栽培技艺	市级	第六批（2019）	市属
122	南派鸟笼制作技艺	市级	第六批（2019）	市属
123	干肉制品加工技艺	市级	第六批（2019）	静安区
124	生煎馒头制作技艺	市级	第六批（2019）	黄浦区
125	崇明水仙栽培技艺	市级	第六批（2019）	崇明区
126	崇明酒曲制作技艺	市级	第六批（2019）	崇明区
127	花格榫卯制作技艺	市级	第六批（2019）	宝山区
128	书画摹搨技艺	市级	第六批（2019）	徐汇区
129	珐琅器制作技艺	市级	第六批（2019）	徐汇区
130	龙华禅食制作技艺	市级	第六批（2019）	徐汇区
131	丝毯织造技艺	市级	第六批（2019）	金山区
132	陶瓷修复技艺（锔瓷）	市级	第六批（2019）	奉贤区
133	传统木船制作技艺	市级	第六批（2019）	奉贤区
134	芦苇编织	市级	第六批（2019）	浦东新区
135	杆秤制作技艺	市级	第六批（2019）	浦东新区
136	古代漆器修复技艺	市级	第七批（2024）	市属
137	囊匣制作技艺	市级	第七批（2024）	市属
138	传统调香技艺	市级	第七批（2024）	市属
139	手工皮鞋制作技艺	市级	第七批（2024）	市属
140	黑陶制作技艺	市级	第七批（2024）	金山区
141	绿波廊点心制作技艺	市级	第七批（2024）	黄浦区
142	大富贵徽菜烹饪技艺	市级	第七批（2024）	黄浦区
143	沈大成点心制作技艺	市级	第七批（2024）	黄浦区
144	传统面点制作技艺	市级	第七批（2024）	嘉定区
145	哈氏海派糕点制作技艺	市级	第七批（2024）	黄浦区
146~147	酒酿制作技艺	市级	第七批（2024）	浦东新区、崇明区
148	中式服装制作技艺（中式礼服制作技艺）	市级	第七批（2024）	虹口区
149	石库门里弄建筑营造技艺	市级	第七批（2024）	静安区
150	酱菜制作技艺（闻万泰酱菜制作技艺）	市级	第七批（2024）	金山区
151	古琴斫制技艺	市级	第七批（2024）	嘉定区
152	漆器制作技艺（款彩）	市级	第七批（2024）	市属
153	漆器制作技艺（揩漆）	市级	第七批（2024）	闵行区
154	兰花栽培技艺	市级	第七批（2024）	市属

155~156	金石传拓技艺	市级	第七批（2024）	市属、徐汇区
157	传统家具制作技艺 （镶嵌家具制作技艺）	市级	第七批（2024）	青浦区
158~159	书画装裱修复技艺	市级	第七批（2024）	市属、闵行区
160	古船模型制作技艺	市级	第七批（2024）	闵行区
161	香囊制作技艺	市级	第七批（2024）	闵行区

表 9 传统医药非遗代表性项目清单（共计 49 项）

序号	非遗代表性项目名称	项目级别	批次/时间	所属区/单位
1	伤科疗法（石氏伤科疗法）	国家级	第一批（2007）	黄浦区
2	伤科疗法（石氏伤科疗法）	市级	第一批（2007）	静安区
3	伤科疗法（石氏伤科疗法）	国家级	第四批（2013）	市属
4	中医正骨疗法（魏氏伤科疗法） /伤科疗法（魏氏伤科疗法）	国家级	第三批（2011）	市属
5	中医正骨疗法（施氏伤科疗法） /伤科疗法（施氏伤科疗法）	国家级	第三批（2011）	黄浦区
6	伤科疗法（陆氏伤科疗法）	市级	第三批（2011）	静安区
7	六神丸制作技艺	国家级	第二批（2009）	黄浦区
8	余天成堂传统中药文化	市级	第二批（2009）	松江区
9	敛痔散制作技艺	市级	第二批（2009）	金山区
10	针灸疗法（陆氏针灸疗法）	国家级	第二批（2009）	市属
11	针灸疗法（杨氏针灸疗法）	市级	第三批（2011）	浦东新区
12	针灸疗法（杨氏针灸疗法）	市级	第五批（2015）	市属
13	针灸疗法（方氏针灸疗法）	市级	第五批（2015）	市属
14	针灸疗法（严氏化脓灸疗法）	市级	第五批（2015）	徐汇区
15	针灸疗法（盛氏针灸疗法）	市级	第六批（2019）	虹口区
16	朱氏一指禅推拿疗法	国家级	第二批（2009）	市属
17	外科疗法（顾氏外科疗法）	国家级	第三批（2011）	市属
18	外科疗法（夏氏外科疗法）	市级	第四批（2013）	市属
19	张氏风科疗法	市级	第三批（2011）	浦东新区
20	竿山何氏中医文化	市级	第三批（2011）	青浦区
21	竿山何氏中医文化	市级	第四批（2013）	市属
22	范氏眼科疗法	市级	第四批（2013）	市属
23	益大中药饮片炮制技艺	市级	第四批（2013）	浦东新区
24	内科疗法（丁氏内科疗法）	市级	第五批（2015）	市属
25	内科疗法（张氏内科疗法）	市级	第六批（2019）	市属
26	中医诊疗法（朱氏妇科疗法）/ 妇科疗法（朱氏妇科疗法）	国家级	第五批（2015）	市属
27	妇科疗法（蔡氏妇科疗法）	市级	第六批（2019）	市属
28	妇科疗法（陈氏妇科疗法）	市级	第六批（2019）	市属
29	妇科疗法（郑氏妇科疗法）	市级	第六批（2019）	嘉定区

30	中医诊疗法（丁氏推拿疗法）/推拿疗法（丁氏推拿疗法）	国家级	第五批（2015）	市属
31	推拿疗法（内功推拿疗法）	市级	第六批（2019）	市属
32	徐氏儿科疗法	市级	第五批（2015）	市属
33	徐氏儿科疗法	市级	第六批（2019）	市属
34	喉吹药制作技艺	市级	第六批（2019）	浦东新区
35	蔡同德堂中药煎膏技艺	市级	第六批（2019）	黄浦区
36	中医导引法（古本易筋经十二势导引法）	国家级	第二批（2009）	市属
37	中医导引法（坐姿八段锦导引法）	市级	第六批（2019）	市属
38	杞柳支具制作技艺	市级	第七批（2024）	宝山区
39	伤科疗法（石氏伤科疗法）	市级	第七批（2024）	市属
40	针灸疗法（东氏针灸疗法）	市级	第七批（2024）	市属
41	针灸疗法（海派灸法）	市级	第七批（2024）	市属
42	针灸疗法（陆氏针灸疗法）	市级	第七批（2024）	市属
43	针灸疗法（马氏面瘫疗法）	市级	第七批（2024）	长宁区
44	外科疗法（夏氏外科疗法）	市级	第七批（2024）	市属
45	中药炮制技艺（雷允上毒性饮片炮制技术）	市级	第七批（2024）	虹口区
46	内科疗法（丁氏内科疗法）	市级	第七批（2024）	市属
47	内科疗法（颜氏内科疗法）	市级	第七批（2024）	静安区
48	徐氏儿科疗法	市级	第七批（2024）	市属
49	中医传统制剂方法（海派膏方制作技艺）	市级	第七批（2024）	市属

表10 民俗非遗代表性项目清单（共计25项）

序号	非遗代表性项目名称	项目级别	批次/时间	所属区/单位
1	庙会（上海龙华庙会）	国家级	第一批（2007）	徐汇区
2	庙会（金泽庙会）	市级	第六批（2019）	青浦区
3	元宵节（豫园灯会）	国家级	第一批（2007）	黄浦区
4	元宵节（元宵行街会）	市级	第五批（2015）	杨浦区
5	端午节（罗店划龙船习俗）	国家级	第一批（2007）	宝山区
6	端午节（熏中药、挂香袋习俗）	市级	第三批（2011）	市属
7	匾额习俗	市级	第一批（2007）	徐汇区
8	阿婆茶	市级	第一批（2007）	青浦区
9	天气谚语及其应用	市级	第一批（2007）	崇明区
10	石库门里弄居住习俗	市级	第二批（2009）	虹口区
11~12	生肖文化	市级	第二批（2009）	虹口区、市属
13	小青龙舞龙会	市级	第二批（2009）	嘉定区
14	羊肉烧酒食俗	市级	第二批（2009）	奉贤区
15	圣堂庙会	市级	第四批（2013）	浦东新区
16	规约习俗（钱氏家训家教）/钱氏家训及其家教传承	国家级	第四批（2013）	市属

17	海派膏方文化	市级	第四批（2013）	市属
18	珠算	市级	第五批（2015）	市属
19	三林老街民俗仪式	市级	第五批（2015）	浦东新区
20	朱泾花灯会	市级	第五批（2015）	金山区
21	金山嘴渔村生活习俗	市级	第六批（2019）	金山区
22	楹联习俗	市级	第六批（2019）	市属
23	文人香道	市级	第七批（2024）	长宁区
24~25	茶艺	市级	第七批（2024）	嘉定区、金山区

图书在版编目（CIP）数据

上海非遗文创设计研究 / 章莉莉著. —上海：东华大学出版社，2025.6

ISBN 978-7-5669-2550-3

Ⅰ. G127.51

中国国家版本馆CIP数据核字第2025NU2782号

责任编辑：吴川灵　徐建红

工作团队：朱艺芸　李姣姣　刘欣　刁秋宇

李逸安　周学蓉

上海非遗文创设计研究

SHANGHAI FEIYI WENCHUANG SHEJI YANJIU

章莉莉　著

出版：东华大学出版社（上海市延安西路1882号，200051）

本社网址：http://dhupress.dhu.edu.cn

天猫旗舰店：http://dhdx.tmall.com

营销中心：021-62193056　62373056　62379558

电子邮箱：805744969@qq.com

印刷：上海颛辉印刷厂有限公司

开本：787 mm×1092 mm　1/16

印张：18.5

字数：416千字

版次：2025年6月第1版

印次：2025年6月第1次

书号：ISBN 978-7-5669-2550-3

定价：198.00元